Grundlagen der Rechtsdidaktik an Hochschulen

Bernhard Bergmans

Grundlagen der Rechtsdidaktik an Hochschulen

Band 2: Bibliographie zur Rechtsdidaktik und Juristenausbildung 1949–2024

Berliner Wissenschafts-Verlag

Bibliografische Information der Deutschen Nationalbibliothek:
Die Deutsche Nationalbibliothek verzeichnet diese Publikation in der Deutschen Nationalbibliografie; detaillierte bibliografische Daten sind im Internet über dnb.d-nb.de abrufbar.

Ein Imprint der Franz Steiner Verlag GmbH
Maybachstraße 8, 70469 Stuttgart
service@steiner-verlag.de
www.steiner-verlag.de

Druck: docupoint, Magdeburg
Gedruckt auf säurefreiem, alterungsbeständigem Papier.
Printed in Germany.

ISBN 978-3-8305-5666-4

Inhaltsverzeichnis

Einführung

Erfasste Literatur

Die Qualität rechtswissenschaftlicher Arbeit hängt entscheidend von den verarbeiteten Informationen und Quellen ab, und entsprechend wichtig ist die Verfügbarkeit und Leistungsfähigkeit diesbezüglicher Rechercheinstrumente. Leider ist hinsichtlich der Fachliteratur die Lage in Deutschland sehr durchwachsen: Während manche Quellen mehrfach erfasst werden, fallen andere durch das Raster.

Letzteres gilt insbesondere für die Themen der Rechtsdidaktik und Juristenausbildung, für die sich in einem insgesamt zersplitterten und unsystematisch gewachsenen Erfassungssystem bibliographisch niemand verantwortlich gefühlt hat, so dass relevante Quellen vor allem nach dem Zufallsprinzip erfasst wurden und – leider – werden. Selbst die ZDRW und das Jahrbuch der Rechtsdidaktik werden bis heute weder von *Juris* noch von der *Karlsruher Juristische Bibliographie* erfasst (letztere kennt auch die Stichworte „Didaktik“ oder „Rechtsdidaktik“ nicht, wohl aber z. B. „Dieselmotor“ …). *Kuselit* erfasst immerhin die ZDRW, bietet ansonsten aber zur Rechtsdidaktik nur wenige Quellen.

Die vorliegende Bibliographie soll diese Lücke füllen und vermeiden, dass manche Quellen vollkommen in Vergessenheit geraten, da erfahrungsgemäß Quellen, die älter als ca. 20 Jahre sind, kaum noch zitiert werden, was insbesondere bzgl. der hier angesprochenen Themen einen ernsthaften Verlust darstellt.

Die Bibliographie ist im Laufe von zwei Jahrzehnten schrittweise entstanden und diente ursprünglich nur persönlichen Zwecken. Teils wird sie aus Zufallsfunden gespeist, teils resultiert sie aus systematischen Recherchen. Trotz ihres Umfangs kann sie keinen Anspruch auf Vollständigkeit erheben, da insbesondere die Diskussionsbeiträge zu den Reformen der Juristenausbildung im Laufe der Jahrzehnte kaum überschaubar sind und zudem teilweise an „entlegenen Stellen“ oder als „graue Literatur“ veröffentlicht wurden. Erfasst wurden immerhin diesbezüglich einflussreiche und repräsentative Meinungsäußerungen zu allen Reformphasen sowie solche, die nach meiner persönlichen Einschätzung über die Tagesaktualität hinaus von dauerhaftem Interesse sein können.

Dass neben der Thematik der Juristenausbildung auch die Rechtsdidaktik erfasst wird, liegt an den thematischen Überschneidungen[1] und vor allem auch daran, dass Letztere (auch unter ihren ebenso verwendeten Bezeichnungen „juristische Fachdidaktik, Didaktik der Rechtswissenschaft, rechtswissenschaftliche Fachdidaktik“) Ersterer sowohl quantitativ als auch qualitativ eindeutig den Rang abgelaufen hat. Auch hier ist behutsam in dem Sinne selektiert worden, dass Praxiserfahrungen und -berichte nur

1 Zu den Unterschieden s. *B. Bergmans*, Grundlagen der Rechtsdidaktik an Hochschulen. Bd. 1: Rechtsdidaktik als Wissenschaft und Praxis, Berlin 2014, S. 48–49.

erfasst werden, wenn sie über eine anekdotische Beschreibung hinausgehen und erkennen lassen, dass es sich um eine reflektierte Darstellung handelt.

In Sammelwerken wird jeder Beitrag einzeln zitiert, soweit eine Unterscheidung nach Autoren erfolgt. Nicht erfasst werden Buchbesprechungen, außer wenn sie die Form eines wissenschaftlichen Aufsatzes annehmen oder eigenständig argumentierte Sichtweisen zum Ausdruck bringen.[2]

Nicht aufgeführt werden Lehrbücher und Ausbildungsliteratur: Es gibt zwar zahlreiche didaktisch gut gemachte bzw. inspirierende Beispiele, aber da hier eine fundierte Wertung (wegen der Abgrenzung von aus didaktischer Perspektive „nicht zitierwürdiger" Literatur) erforderlich wäre[3], müssen diese einer genaueren Analyse und gesonderten Bibliographie vorbehalten werden. Lernratgeber für Studierende werden hingegen erfasst, sofern sie didaktisch konzipiert und nicht bloß anekdotischer Natur sind.

Die in dem kurzen Werk von *G. Andersson*, Bibliographie zur Didaktik der Rechtswissenschaften, Hochschuldidaktische Materialien Nr. 3/1969, Hamburg 1969, aufgeführten Werke sind (mit Ausnahme der ‚grauen Literatur') hier integriert worden. Weitere (inländische) thematische Bibliographien scheint es nicht zu geben.[4]

Zeitliche Räumliche und räumliche Abgrenzung

Die Bibliographie umfasst die in Deutschland[5] im Zeitraum 1949-2024 zu den o. g. Themen veröffentlichte Literatur. Natürlich hat die Beschäftigung insbesondere mit der Juristenausbildung wesentlich früher als 1949 begonnen, aber bei aller Kontinuität des Staatsexamensmodells dürfte die davor liegende Zeit doch eher rechtshistorisch interessant sein. Es wäre zwar mit Sicherheit von großem Interesse, auch diesbezügliche Quellen zu erfassen, aber dies muss einem rechtshistorisch kompetenteren Bibliographen überlassen werden.

Erfasst werden zudem nur die Veröffentlichungen, die sich explizit oder implizit auf die Lage in Deutschland beziehen oder diese zumindest mit abdecken (oder dieser als

2 Es gibt deren insgesamt auch nur wenige. Nur das Jahrbuch der Rechtsdidaktik enthält in systematischer Weise Buchbesprechungen.

3 Vgl. beispielhaft die diesbezüglich unterschiedlichen Herangehensweisen zur Lehre des Schuldrechts in den Darstellungen von *Ranieri, Pimont, Wörlen/Metzler-Müller, Kunkel* und *Bergmans*, Jahrbuch der Rechtsdidaktik 2017, S. 127–215, sowie von *H. Hamann, S. Weyhofen* , Der Lehrbuchdschungel im Schuldrecht: Eine Durchforstung am Beispiel der GoA, ZJS 2024, S. 902 ff.

4 Die im *Jahrbuch der Rechtsdidaktik* 2013/2014, S. 255 ff. veröffentliche Bibliographie ist eine Zwischenstufe der vorliegenden Bibliographie.

5 Es werden ausnahmsweise auch im Ausland publizierte Texte erfasst, sofern sie sich auf die Lage in Deutschland beziehen, allerdings sind diese nicht systematisch recherchiert worden.

Vorbild dienen sollen). Zum allergrößten Teil ist die hier aufgeführte Literatur auch von deutschen Autoren verfasst worden.

Während man diese insgesamt dominant nationale Perspektive bzgl. der Juristenausbildung noch in gewissem Maße verstehen kann (auch wenn ein Blick über den Zaun sicher nicht schaden würde), muss man für die Rechtsdidaktik die weitgehend fehlende Internationalität[6] bedauern.[7] Es wäre jedoch vermessen gewesen, eine echte internationale Bibliographie erstellen zu wollen. Hierzu wären wesentlich umfangreichere Ressourcen erforderlich.

Als Einstieg in einen in vielerlei Hinsicht perspektiverweiternden Blick ins Ausland können folgende Publikationsorgane und Forschungseinrichtungen dienen:

AUSLÄNDISCHE PERIODIKA MIT SCHWERPUNKT „LEGAL EDUCATION“

Asian Journal of Legal Education	Halbjährlich, Sage Publications, http://ale.sagepub.com (Inhaltsverzeichnis)
Canadian Legal Education Annual Review/Revue de l'enseignement du droit au Canada	Jährlich, veröffentlicht durch die Canadian Association of Law Teachers, https://thomsonreuters.ca, Volltext 2008-2015 unter https://www.acpd-calt.org/clear_redac
Clinical Law Review	Halbjährlich, hrsg. von der Association of American Law Schools, the Clinical Legal Education Association und der New York University School of Law (USA), ab vol. 19 (2012) Volltext frei unter http://www.law.nyu.edu/journals/clinicallawreview
European Journal of Legal Education	Jährlich (Relaunch 2020), https://www.ejle.eu, 2004-2007 unter https://www.tandfonline.com/journals/rejl20 (Inhaltsverzeichnis frei, Volltext kostenpflichtig)

6 Selbstverständlich werden Aspekte wie die Europäische Juristenausbildung oder die curriculare Behandlung des Europäischen und Internationalen Rechts wohl erfasst.

7 Das *Jahrbuch der Rechtsdidaktik* zeigt, dass eine Internationalisierung der Perspektive ohne weiteres möglich wäre. Mit gutem Beispiel vorangegangen ist bereits 1960 die Denkschrift zur Juristenausbildung des Arbeitskreises für Fragen der Juristenausbildung (*G. Husserl u. a.,* Die Ausbildung der deutschen Juristen. Darstellung, Kritik und Reform, Tübingen 1960), die auch den Blick ins Ausland gerichtet hat.

International Journal of Clinical Legal Education	Viermonatlich seit 2000, open access, Northumbria University, https://www.northumbriajournals.co.uk/index.php/ijcle/issue/archive
International Journal of the Legal Profession	Jährlich, Taylor and Francis, kostenpflichtig/teil-weise open access, https://www.tandfonline.com/loi/cijl20
Journal of Legal Education	Vierteljährlich, hrsg. von der Association of American Law Schools (USA), Volltext z. T. frei unter http://jle.aals.org, bis 2022 auch unter http://www.jstor.org/journal/jlegaleducation (Inhaltsverzeichnis frei, Volltext kostenpflichtig)
Journal of Legal Studies Education	Halbjährlich, hrsg. von der Academy of Legal Studies in Business (USA), https://onlinelibrary.wiley.com/journal/17441722 (Inhaltsverzeichnis frei, Volltext kostenpflichtig/ teilweise open access)
Law and Method	Open Access, Niederlande, http://www.lawandmethod.nl/
Legal Education Commons	Open access, international http://network.bepress.com/law/legal-education/
Legal Education eJournal	Laufend, dokumentiert im Volltext die Veröffentlichungen zum Thema ‚Legal Education' im Social Science Research Network (SSRN), http://www.ssrn.com/link/legal-education.html (mit kostenpflichtiger Abofunktion)
Legal Education Review	Laufend, Volltext open access, hrsg. von der Australasian Law Academics Association (ALAA), https://ler.scholasticahq.com
The Law Teacher	Vierteljährlich, hrsg. von der Association of Law Teachers (UK), https://www.tandfonline.com/journals/ralt20 (Inhaltsverzeichnis frei, Volltext kostenpflichtig, teilweise open access)
The Law Teacher	Halbjährlich, hrsg. vom Institute for Law Teaching and Learning (USA), 2008-2017, Volltext frei unter http://lawteaching.org/the-law-teacher/, ersetzt durch den Law Teaching Blog, http://lawteaching.org/blog/

International Journal of Public Legal Education	1-2 Ausgaben p.a., 2017-2022, open access, Northumbria University, https://www.northumbriajournals.co.uk/index.php/ijple/issue/archive
Journal of commonwealth law and legal education	Unregelmäßig 2011-2019, Projekt der Open University Law School, https://law-school.open.ac.uk/collaborations/jour nal-commonwealth-law-and-legal-education

AUSLÄNDISCHE FORSCHUNGSINSTITUTE

Canadian Centre for Professional Legal Education CPLED, https://cpled.ca

Center for Legal Pedagogy (CLP), Thurgood Marshall School of Law, Texas Southern University, http://www.tsulaw.edu/centers/Pedagogy/index.html

Centre for Computer-Assisted Legal Instruction CALI, https://www.cali.org/

Center for Innovation and Research in Legal Education CIRLE, School of Law; University of Leeds, https://essl.leeds.ac.uk/law-research-centre-innovation-research-legal-education

Centre for Legal Education, Nottingham Law School, Nottingham Trent University, http://www.nlscle.org.uk/

Centre for Legal Education and the Legal Profession, University of Westminster, https://www.westminster.ac.uk/research/groups-and-centres/centre-for-legal-education-and-the-legal-profession

Centre for Professional Legal Education CPLE, Bond University (AU), https://bond.edu.au/research/research-centres-and-institute/centre-for-professional-legal-education

Centre for Employability, Professional Legal Education and Research CEPLER, University of Birmingham, https://www.birmingham.ac.uk/research/centres-institutes/centre-for-employability-professional-legal-education-and-research

Clinical Legal Education, Northumbria University Newcastle, https://www.north umbria.ac.uk/research/research-areas/law/clinical-legal-education/

European Centre for Continuing Legal Education ECCLE, http://eccle.eu/european-center-for-continuing-legal-education/

Institute for Law Teaching and Learning ILTL, Schools of Law Washburn University/University of Arkansas/University of the Pacific http://lawteaching.org/

Institute of Advanced Legal Studies, University of London, https://ials.sas.ac.uk/research/areas-research/legal-education

Legal Education Research Group, University of Sussex, https://www.sussex.ac.uk/schools/law-politics-and-sociology/research/groups/legal-education

Legal Education Research Group, University of New South Wales, https://www.unsw.edu.au/law-justice/our-research/centres-and-institutes/legal-education-research-group

Quantität und Qualität

Fast die Hälfte der erfassten knapp über 2.000 Quellen wurde in den letzten 15 Jahren veröffentlicht, wobei diese Publikationen wiederum zum allergrößten Teil rechtsdidaktische Inhalte haben. Dazu hat beigetragen, dass sich die Juristenausbildung seit der letzten Reform 2002/2003 zwar in vielen Details weiterentwickelt hat, dass es seither aber keine relevanten politischen Reformambitionen gegeben hat und das Thema von wissenschaftlicher (insbesondere auch rechtsdidaktischer) Seite weitgehend unbeachtet geblieben ist.[8]

Die beachtliche Entwicklung der Rechtsdidaktik hat auch zu einem Niveauanstieg in der Qualität der erfassten Literatur geführt, soweit man dies so pauschal beurteilen kann (mehr als die Hälfte dieser Literatur habe ich im Laufe der Jahre gelesen). Dennoch gibt es nicht nur in Sachen Juristenausbildung, sondern auch im Bereich der Rechtsdidaktik Lücken und Schwächen, da insbesondere auf den Makro- und Meso-Ebenen manche Themenbereiche kaum Beachtung gefunden haben.[9]

Die Autorinnen/Autoren sind im Übrigen fast ausschließlich Juristinnen/Juristen. Vertreterinnen/Vertreter anderer Fachrichtungen (insbesondere Hochschuldidaktik, Pädagogik, Psychologie) treten leider nur selten in Erscheinung. Auch insofern wäre eine verstärkte Interdisziplinarität wünschenswert.

Perspektiven

Die vorliegende Bibliographie ist nicht nur von Interesse für Forschende mit einem rechtlichen Hintergrund, sondern auch für andere Fachrichtungen, deren Input einen weiteren Qualitätsschub in der rechtsdidaktischen und ausbildungspolitischen Forschung generieren könnte (s. hiervor).

8 S. die Editoriale des *Jahrbuchs der Rechtsdidaktik* 2015-2020/2021.

9 Zur Systematisierung nach Themen und Ebenen der Rechtsdidaktik s. *Bergmans* (Fn. 1), S. 35–42. Allgemein zur Lage der Rechtsdidaktik in Deutschland s. *B. Bergmans*, Zum Stand der juristischen Fachdidaktik in Deutschland. Eine Bestandsaufnahme zum zehnjährigen Bestehen der ZDRW, ZDRW 2022, S. 197 ff., sowie *J. Griebel, F. Gröblinghoff, T. Kuhn, R. Schimmel* (Hrsg.), Rechtsdidaktik. Erreichtes – Misslungenes – Zukünftiges, Baden-Baden 2023.

Es ist zudem zu hoffen, dass die leichtere Auffindbarkeit von relevanten Quellen den Einstieg in die Materie erleichtern und dazu beitragen kann, knappe Forschungsressourcen optimaler einzusetzen und Nachwuchskräften den Einstieg in die Materie zu erleichtern. Ideal wäre statt eines Buches eine digitale Plattform gewesen, aber eine solche existiert derzeit leider nicht (und wird es wohl auch auf absehbare Zeit nicht geben). Immerhin erlaubt die e-book-Ausgabe der Bibliographie eine digitale Stichwortsuche.

Dass im Jahr 2024 die *Gesellschaft für Didaktik der Rechtswissenschaft* gegründet wurde[10] darf man mit etwas gutem Willen als Omen sehen, dass die Entwicklung erfolgreich weitergehen und auch die Bibliographiearbeit in näherer Zukunft professionell und systematisch erfolgen wird.

10 S. den Webauftritt unter https://gfdr.eu, sowie *A. Reinelt*, Tagungsbericht – Zukunft der rechtswissenschaftlichen Fachdidaktik in Bochum am 21. und 22. November 2024, ZDRW 2024, 377 (381–383).

Bibliographie

Abel R. B., Der Diplom-Wirtschaftsjurist (FH) – Eine Alternative zum herkömmlichen Jura-Studium, NJW 1998, 3619

Abel R. B., LL.B./LL.M.: Zukunft mit Rechtsberatung?, Die neue Hochschule 3/2004, 36

Abel W., Perspektiven der juristischen Studiengänge – Anforderungen aus Wissenschaft und Praxis, RPflStud 2006, 33

Abele A., Heismann C., Juraabsolventinnen und -absolventen auf dem Weg vom Examen in den Beruf – Ergebnisse einer Langzeitstudie, Jura 2007, 902

Achterberg N., Reform der juristischen Ausbildung und Gesamthochschule, JZ 1974, 165

Achtmann J., Winter R., 43 Jahre Großer Examens- und Klausurenkurs an der Universität zu Köln – Ein Erfahrungsbericht, in: Kramer U., Kuhn T., Putzke H. (Hrsg.), Fehler im Jurastudium. Ausbildung und Prüfung, Stuttgart 2012, 152

Ackermann T., Ohrendorf M., Essentialia negotiation – Verhandlungsmanagement, kernjuristische Themen und JuristInnenausbildung, Bonner Rechtsjournal 2020, Sonderausgabe, 27

Adamski H., Zur Entwicklung des Rechtskundeunterrichts an Schulen, ZDP 1985, 166

Adomeit K., Erbarmen mit den Jurastudenten, Jura 1999, 362

Adomeit K., Methodenlehre und Juristenausbildung, ZRP 1970, 176

Ahlers D., Reform der Juristenausbildung, BRAK-Mitteilungen 2001, 200

Ahlers D., Zur Gestaltung der universitären Juristenausbildung, AnwBl 1998, 68

Albrecht R., Der Beitrag der Hochschuldidaktik zur Entwicklung einer rechtswissenschaftlichen Fachdidaktik, in: Brockmann J., Dietrich J. H., Pilniok A. (Hrsg.), Exzellente Lehre im juristischen Studium. Auf dem Weg zu einer rechtswissenschaftlichen Fachdidaktik, Baden-Baden 2011, 79

Albrecht R., Didaktische Qualifizierung der Lehrenden des Fachbereichs Finanzen der FH Bund (Münster), ZDRW 2014, 104

Albrecht R., Gropengießer H., Fachdidaktische Überlegungen zur Vermittlung rechtwissenschaftlicher Kompetenzen, in: Bönders T. (Hrsg.), Kompetenz und Verantwortung in der Bundesverwaltung – 30 Jahre Fachhochschule des Bundes für öffentliche Verwaltung, München 2009, 25

Alm-Merk H., Gefangen im System? Zwischenruf zu den neuesten Überlegungen für den juristischen Vorbereitungsdienst, RuP 1998, 65

Alpers K. O., Jahrestagung des Bundesreferendarverbandes vom 25.-27.10.1961 in Berlin, JZ 1962, 188

Alpers K.O., Über den Massenbetrieb an juristischen Fakultäten, JZ 1961, 695

Alpmann J. A., Der Repetitor in der Juristenausbildung, in: Strempel D. (Hrsg.), Juristenausbildung zwischen Internationalität und Individualität – auch ein Problem der Gesetzgebung, Baden-Baden 1998, 21

Althoff S., Einblick in das Studium der Rechtswissenschaften, München 1996

Aly Q., Schlegel J., „Man kann auch in Schönheit sterben" Anwaltsblatt 2024, 222

Andres B., Aus anwaltlicher Sicht, in: Hof H., Götz von Olenhusen P. (Hrsg.), Rechtsgestaltung – Rechtskritik – Konkurrenz von Rechtsordnungen … Neue Akzente in der Juristenausbildung, Baden-Baden 2012, 527

Anzinger H., Legal Tech in der juristischen Ausbildung, Friedrich-Naumann-Stiftung, Potsdam 2020, https://shop.freiheit.org/download/P2@891/264451/2020_A4_LI_Legal%20Tech_Gut achten.pdf, teilweise abgedruckt in: Bergmans B. (Hrsg.), Jahrbuch der Rechtsdidaktik/Yearbook of Legal Education 2020/2021, Berlin 2022, 95

Apel H., Fachkulturen und studentischer Habitus: eine empirische Vergleichsstudie bei Pädagogik und Jurastudierenden, Zeitschrift für Sozialisationsforschung und Erziehungssoziologie 1989, 2

Armbruster M., Examen ohne Repetitorium, Baden-Baden 2021

Arnaud A. von, Didaktischer Breitensport: Der verfassungsrechtliche Moot Court, ZDRW 2014, 235

Artmann L., Lernen durch Lehren, ZDRW 2021, 149

Aschendorff K., Präsenzbegleitende Vorlesungsaufzeichnung – Chancen, Risiken und Nebenwirkungen, ZDRW 2020, 360

Astleitner H., Rechtsdidaktik in den USA – Zur Exploration innovativer Forschungsfelder, in: Warto P., Zumbach J., Lagodny O., Astleitner H. (Hrsg.), Rechtsdidaktik – Pflicht oder Kür?, Baden-Baden 2017, 229

Astleitner H., Der Effekt von Studienbedingungen und Persönlichkeit auf Kompetenzeinschätzungen, in: Astleitner H., Deibl I., Lagodny O., Warto P., Zumbach J. (Hrsg.), Rechtsdidaktik zwischen Theorie und Praxis, Baden-Baden 2019, 214

Astleitner H., The dark side of instruction – A theoretical framework for law education, in: Warto P., Deibl I., Lagodny O., Astleitner H., Zumbach J., Rechtsdidaktik. Vom Selbstverständnis einer neuen Disziplin, Wien 2021, 15

Astleitner H., Deibl I., Warto P., Learner-centered teaching in law education – A research-based implementation program, in: Warto P., Deibl I., Lagodny O., Astleitner H., Zumbach J., Rechtsdidaktik. Vom Selbstverständnis einer neuen Disziplin, Wien 2021, 32

Atamer Y. M., Einheitsrecht als Labor für rechtsvergleichenden Unterricht, in: Brockmann J., Pilniok A., Schmidt M. (Hrsg.), Rechtsvergleichung als didaktische Herausforderung, Tübingen 2020, 87

Attendorn T., „Hochschuldidaktisches Zertifikat der FHöV NRW": Das akkreditierte Weiterbildungsprogramm „Professionell lehren an der FHöV NRW", in:

Bergmans B. (Hrsg.), Rechtslehre. Jahrbuch der Rechtsdidaktik/Yearbook of Legal Education 2015, Berlin 2016, 121

Attendorn T., Methodenkompetenz entwickeln durch ein ILIAS-basiertes E-Portfolio für die Juristische Methodik – Werkstattbericht über ein Forschungs- und Entwicklungsprojekt an der HSPV NRW, ZDRW 2020, 378

Ausschuss der Konferenz der Justizministerinnen und Justizminister zur Koordinierung der Juristenausbildung, Bologna-Prozess und deutsche Juristenausbildung; Berichte des Ausschusses der Justizministerkonferenz zur Koordinierung der Juristenausbildung aus den Jahren 2005, 2008 und 2011, https://www.justiz.nrw.de/JM/justizpol_themen/juristenausbildung/archiv/bologna_prozess

Ausschuss der Konferenz der Justizministerinnen und Justizminister zur Koordinierung der Juristenausbildung, Bericht über die Entwicklung eines Diskussionsmodells eines Spartenvorbereitungsdienstes unter Berücksichtigung internationaler Erfahrungen, 2008, https://www.justiz.nrw.de/JM/justizpolthemen/juristen ausbildung/archiv/spartenvorbereitungsdienst

Ausschuss der Konferenz der Justizministerinnen und Justizminister zur Koordinierung der Juristenausbildung, Berichte des Koordinierungsausschusses Juristenausbildung zu einer weiteren Annäherung der Ausbildungs- und Prüfungsbedingungen der Länder von 2014, 2016, 2017 und 2019, https://www. justiz.nrw.de/JM/justizpol_themen/juristenausbildung/archiv/bericht_ausschuss

Ausschuss der Konferenz der Justizministerinnen und Justizminister zur Koordinierung der Juristenausbildung, Berichte des Koordinierungsausschusses Juristenausbildung aus den Jahren 2008 und 2011 zu den Auswirkungen des Gesetzes zur Reform der Juristenausbildung, https://www.justiz.nrw.de/JM/justizpolthemen/juristenausbildung/archiv/evaluation

Axmann M., Finanzielle Beteiligung von Rechtsanwaltskammern an der Juris-tenausbildung, NJW 2004, 1141

Aydik O., Trute H.-H., Wer finden will, muss suchen: Rechtsdatenbanken und -suchmaschinen in der Mediendidaktik, ZDRW 2023, 117

Baade B., Wargaming im Humanitären Völkerrecht, ZDRW 2024, 187

Backhaus R., Freund G., Koenig C., Das Marburger Studio-Gruppen-Modell, in: Strempel D. (Hrsg.), Juristenausbildung zwischen Internationalität und Individualität – auch ein Problem der Gesetzgebung, Baden-Baden 1998, 37

Bader K. S., Eine italienische Stimme zur Juristenausbildung in Deutschland, JZ 1959, 280

Bader K. S., Zur Reform des Vorbereitungsdienstes, JZ 1953, 269

Bader K. S., Zur Studien- und Ausbildungsreform, JZ 1961, 735

Bäcker C., Zur Bedeutung der Grundlagenfächer in der juristischen Ausbildung, ZDRW 2023, 250

Baer S., Nicht „Law School“, sondern Universität, AnwBl 2015, 816

Balaguer Callejon F., Modern Teaching Methods in European Legal Education, in: Germelmann C. F. (ed.), Innovative Teaching in European Legal Education, Baden-Baden 2021, 53

Baldus C., Perspectivas de la ciencia jurídica en Alemania. A propósito del informe del Wissenschaftsrat. Anuario de Derecho Civil, tomo LXVI, 2013, fasc. I, https://www.boe.es/publi caciones/anuarios_derecho/abrir_pdf.php?id=ANUC-2013-10000500058_ANUARIO_DE_DERECHO_CIVIL_%93Perspectivas_de_la_ciencia_jur%EDdica_en_Alemania%94._A_prop%F3sito_del_informe_del_Wissenschaftsrat

Baldus C., Schmidt-Kessel M., Europäische Juristenausbildung? Anmerkungen zum Bericht zur Juristenausbildungsreform aus der Sicht des Unionsprivatrechts, GPR 2017, 2

Baldus C., Finkenauer T., Rüfner T., Die Bologna-Reform aus Hochschullehrersicht, in: Dies. (Hrsg.), Bologna und das Rechtsstudium, Tübingen 2011, 281

Ballweg O., Prolegomena einer rhetorischen Didaktik des Rechts, in: Ziemske H. (Hrsg.), Staatsphilosophie und Rechtspolitik, Festschrift für M. Kriele zum 65. Geburtstag, München 1997, 1067

Balmes F., Über juristische Grundrisse als rechtswissenschaftliche Lehrmittel, StJv 1990, 382

Bandilla W., Becker-Toussaint H., Eith W., Abschlußbericht der Zentralen Forschungsgruppe zur Juristenausbildung, Mannheim, September 1984

Bannek E., Zur Integration von Theorie und Praxis in der Juristenausbildung, in: Loccumer Arbeitskreis (Hrsg.), Neue Juristenausbildung. Materialien des Loccumer Arbeitskreises zur Reform der Juristenausbildung, Neuwied 1970, 111

Bargel T., Anforderungen und Probleme des Jurastudiums aus der Sicht der Studierenden, in: Hermann D., Tag B. (Bearb.), Die universitäre Juristenausbildung. Empirische und theoretische Analysen zur Studiendauer und Studienleistung, Bonn 1995, 171

Bargel T., Das Studium der Rechtswissenschaft – Studentische Erfahrungen und Urteile, JuS 1997, 669

Bargel T., Multrus F., Ramm M., Das Studium der Rechtswissenschaft. Eine Fachmonographie aus studentischer Sicht, hrsg. vom BMFT, Bonn 1996

Bartholomeyczik H., Das Familien- und Erbrecht als Studien- und Prüfungsfächer. Eine Kritik an den Münchener Studienreformbeschlüssen vom 16./17. Februar 1968, FamRZ 1968, 341

Bartlitz D., Der Inverted Classroom in der (digitalen) juristischen Lehre, ZDRW 2020, 388

Barton S., Anwaltsorientierung im rechtswissenschaftlichen Studium: Bestandsaufnahme universitärer Ausbildungskonzepte in Deutschland, Hamburg 2000

Barton S., Hähnchen S., Jost F. (Hrsg.), Praktische Jurisprudenz: Clinical legal education und Anwaltsorientierung im Studium, Hamburg 2011

Barton S., Jost F. (Hrsg.), Die inhaltliche Neuausrichtung des rechtswissenschaftlichen Studiums (5. Soldan-Tagung zur anwaltsorientierten Juristenausbildung), Hamburg 2003

Barton S., Jost F., Brei K., Oezmen V., Eckpunkte des anwaltsorientierten Studiums, BRAK-Mitt. 2003, 151

Bartsch M., Gute Anwälte, justament 1/2002, 24

Basak D., Lern- und methodenorientierte Arbeitsformen, in: Brockmann J., Dietrich J. H., Pilniok A. (Hrsg.), Exzellente Lehre im juristischen Studium. Auf dem Weg zu einer rechtswissenschaftlichen Fachdidaktik, Baden-Baden 2011, 141

Basak D., Gröblinghoff S., Gußen L., Steffahn V., Selbstlernkompetenzen im Jurastudium, ZDRW 2014, 183

Basak D., Gußen L., Köchel M., Reiß M., Schimmel R., Schliwa C., Wissenschaftliches Fehlverhalten (Plagiate) als Problem der Hochschullehre für angehende Juristinnen und Juristen, ZDRW 2015, 263

Basak D., Gußen L., Jauß S., Klug L., Reiß M., Schimmel R., Ziele für ein wissenschaftliches Jurastudium, in: Kramer U., Kuhn T., Putzke H. (Hrsg.), Was muss Juristenausbildung heute leisten?, Stuttgart 2019, 14

Basak D., Köckel M., Methoden für das Lehren und Prüfen wissenschaftlicher Arbeitstechniken, in: Kramer U., Kuhn T., Putzke H. (Hrsg.), Schwerpunkte im Jurastudium, Stuttgart 2015, 256

Basedow J., Juristen für den Binnenmarkt. Die Ausbildungsdiskussion im Lichte der Arbeitsmarktanalyse, NJW 1990, 959

Battis U., Evaluation von Studium und Lehre im Fach Rechtswissenschaft – ein Erfahrungsbericht, in: Dörr D. u. a. (Hrsg.), Festschrift für H. Schiedermair, Heidelberg 2001, 681

Baumann J., Änderung des deutschen Richtergesetzes?, JZ 1971, 87

Baumann J., Input – output? Zur Grundsatzresolution des FVR zur Reform des juristischen Studiums, JuS 1969, 245

Baumann J., Juristenausbildung, Glanz und Elend – und Vergeßlichkeit. Zu Kötz, ZRP 1980, 94, ZRP 1980, 160

Baumann J., Zur Reform des juristischen Studiums. 5 Thesen und 5 Gegenthesen, KJ 1969, 163

Baumgärtl G., Zu den Münchener Reformbeschlüssen: Radikale Beschränkung des Prozeßrechts?, Eine Entgegnung, JZ 1968, 371

Baur F., Einige Bemerkungen zu Ausbildungsfragen, JZ 1952, 301

Baur F., Weitere Bemerkungen zu Ausbildungsfragen, JZ 1952, 652

Baur F., Die Ausbildung der deutschen Juristen, JZ 1961, 1

Baur F., Eine Reform des „Vorbereitungsdienstes" tut not!, JZ 1953, 217

Bauschke H.-J., Zum Sinn einer vernetzten rechtswissenschaftlichen Ausbildung an verwaltungshochschulen, VR 1992, 285

Bayreuther F., Was soll im juristischen Studium unterrichtet werden?, in: Kramer U., Kuhn T., Putzke H. (Hrsg.), Fehler im Jurastudium. Ausbildung und Prüfung, Stuttgart 2012, 183

Beck L., Notengebung in den Schwerpunktbereichen – wirklich Inflation?, in: Kramer U., Kuhn T., Putzke H. (Hrsg.), Schwerpunkte im Jurastudium, Stuttgart 2015, 187

Beck S., Stefanopoulou G., Visualisierung in der Rechtsdidaktik am Beispiel des Projekts „JurClip", ZJS 2021, 403

Beck W., Evidenz und Empathie: Erfahrungen mit evidenzbasiertem Lehren und Lernen – Eine Selbstbetrachtung, in: Bergmans B. (Hrsg.), Jahrbuch der Rechtsdidaktik/Yearbook of Legal Education 2016, Berlin 2017, 75

Beckemper K., Grünberger M., Heise L.-B., Hamburger Protokoll – ein Plädoyer für ein reformfähiges Staatsexamen, NJW 2024, 1009

Becker A., Uffmann K., Palzer C., Krieger J., RUBLaw-active: Unternehmensrecht – Eine problembasierte Lehr- und Lernmethode im Jurastudium, ZDRW 2019, 279

Becker E., Zum Gesamtthema: Einklang zwischen Vorbereitung, Befähigung und Beruf, in: Becker E., Ule C. H. (Hrsg.), Die Verwaltungsausbildung der Juristen. Vorträge und Diskussionsbeiträge der verwaltungswissenschaftlichen Arbeitstagung der Hochschule für Verwaltungswissenschaften Speyer vom 21.–23. Oktober 1964, Berlin 1965, 9

Becker M., Juristenausbildung aus studentischer Sicht, in: Strempel D. (Hrsg.), Juristenausbildung zwischen Internationalität und Individualität – auch ein Problem der Gesetzgebung, Baden-Baden 1998, 45

Becker-Eberhard E., Umsetzung der anwaltsorientierten Juristenausbildung durch die Fakultäten, NJ 2004, 389

Beer U., Master of Business Law – ein neuer Wirtschaftsjurist, NJW 2001, 46

Behrendt E., Radikale Ausbildung – Radikalenausbildung? Plädoyer für eine schutzbedürftig gewordene Freie Wissenschaft und Rechtsprechung, Tübingen 1974

Behrens F., Brauchen wir eine neue Juristenausbildung?, ZRP 1997, 92

Behrens P., Internationale Aspekte in der Juristenausbildung, in: Giehring H., Haag F., Hoffmann-Riem W., Ott C. (Hrsg.), Juristenausbildung – neu überdacht. Erfahrungen aus der einstufigen Juristenausbildung als Grundlage für eine weiterhin anstehende Reform, Baden-Baden 1990, 185

Benedict P., Die Übertragbarkeit praxisorientierter Lernmodelle („Experiential Learning") nach US-amerikanischem Vorbild auf die Ausbildung im deutschen Strafprozessrecht, ZDRW 2023, 26

Benicke C., Die Lehre des internationalen Rechts in den Schwerpunktbereichen, in: Hobe S., Maraun T. (Hrsg.), Lehre des internationalen Rechts – zeitgemäß?, Berichte der Dt. Gesellschaft für Internationales Recht Bd. 48, Heidelberg 2017, 49

Benke M., Hermann D., Tag B., Determinanten der Studienleistung: Ergebnisse einer Befragung von Examenskandidaten, in: Hermann D., Tag B. (Bearb.), Die universitäre Juristenausbildung. Empirische und theoretische Analysen zur Studiendauer und Studienleistung, Bonn 1995, 88

Benning A., Digitalisierung in der Jurisprudenz, in: Van Oostrom S., Weth S. (Hrsg.), Festschrift für Maximilian Herberger, Saarbrücken 2016, 61

Benrath D., Die Bewertung stichwortartiger Ausarbeitungen, ZDRW 2017, 126

Benrath D., Methodik: Problembewusstes Definieren, ZDRW 2018, 175

Bernhardt R., Einführung in: Ders. (Hrsg.), Das internationale Recht in der Juristenausbildung, Heidelberg 1981, Berichte der Deutschen Gesellschaft für Völkerrecht Bd 21, 7

Berge A., Rath C., Wapler F., Examen ohne Repetitor. Leitfaden für eine selbstbestimmte und erfolgreiche Examensvorbereitung, 2. Aufl., Baden-Baden 2001

Berger C., Zum wissenschaftlichen Anspruch anwaltsorientierter Lehrinhalte, BRAK-Mitt. 2005, 169

Berger S., Einführende Unterrichtssequenz zur Förderung der Kompetenz bei der Lösung von Rechtsfällen im Ökonomieunterricht: Planung, Durchführung und ..., ebook 2011, www.grin.com

Bergmann M., Pfaff A., Rensch O, Schwarz M., „CitApp: Das Jura-Zitierspiel“ – ein Serious Game für das Selbststudium und den Einsatz in der Hochschullehre, ZDRW 2022, 41

Bergmans B., Interdisciplinary business law programmes in Germany, The Law Teacher 2004, 326

Bergmans B., Visualisierungen in Rechtslehre und Rechtswissenschaft. Ein Beitrag zur Rechtsvisualisierung, Berlin 2009

Bergmans B., Themen und Ebenen der Rechtsdidaktik, Rechtslehre. Jahrbuch der Rechtsdidaktik 2012, Berlin 2013, 11

Bergmans B., Rechtsdidaktik-Dilettantismus, oder: Warum es schwer ist, ein guter Rechtslehrender zu sein, in: Busch D., Kutscha M. (Hrsg.), Recht, Lehre und Ethik der öffentlichen Verwaltung. Festschrift für H. P. Prümm, Baden-Baden 2013, 273

Bergmans B., Überblick über die derzeitigen Ausbildungsmodelle zum Bachelor- und Master-Juristen, in: Ders. (Hrsg.), Berufs- und Arbeitsmarktperspektiven von Bachelor- und Master-Juristen, Stuttgart 2013, 14

Bergmans B., Wirtschaftsjuristische Studiengänge an Fachhochschulen, in: Ders. (Hrsg.), Berufs- und Arbeitsmarktperspektiven von Bachelor- und Master-Juristen, Stuttgart 2013, 20

Bergmans B., Analyse des Absolventenverbleibs am FB Wirtschaftsrecht der Westfälischen Hochschule, Recklinghausen, in: Ders. (Hrsg.), Berufs- und Arbeitsmarktperspektiven von Bachelor- und Master-Juristen, Stuttgart 2013, 72

Bergmans B., Auf dem Wege zu einem neuen Verständnis der Juristenberufe und der Juristenausbildungen, ZRP 2013, 113

Bergmans B., Juristenausbildungsreform ‚von unten'?, NJW-aktuell 15/2013, 16

Bergmans B., Lern- und Arbeitstechniken für das Jurastudium, Stuttgart 2013

Bergmans B., Grundlagen der Rechtsdidaktik an Hochschulen. Bd. 1: Rechtsdidaktik als Wissenschaft und Praxis, Berlin 2014

Bergmans B., Zugänge zu einer didaktisch optimierten Lehre, in: Ders. (Hrsg.), Rechtslehre. Jahrbuch der Rechtsdidaktik/Yearbook of Legal Education 2013/2014, Berlin 2015, 85

Bergmans B., Maßnahmen zur didaktischen Qualifizierung der Lehrenden im Fach Rechtswissenschaft: Ein Überblick, in: Ders. (Hrsg.), Jahrbuch der Rechtsdidaktik/Yearbook of Legal Education 2015, Berlin 2016, 87

Bergmans B., Models of interdisciplinarity in legal education: The case of management and economics, in: Ders. (Hrsg.), Jahrbuch der Rechtsdidaktik/Yearbook of Legal Education 2015, Berlin 2016, 225

Bergmans B., Introductory remarks on the relevance of developments in US legal education for Germany, in: Ders. (Hrsg.), Rechtslehre. Jahrbuch der Rechtsdidaktik/Yearbook of Legal Education 2013/2014, Berlin 2015, 137

Bergmans B., Book review: C. Jamin, La cuisine du droit. L'Ecole de Droit de Sciences Po: Une expérimentation française, Paris 2012, in: Ders. (Hrsg.), Jahrbuch der Rechtsdidaktik/Yearbook of Legal Education 2015, Berlin 2016, 261

Bergmans B., Didaktische Optimierung der Schuldrechtslehre in wirtschaftsjuristischen Studiengängen, in: Ders. (Hrsg.), Jahrbuch der Rechtsdidaktik/Yearbook of Legal Education 2017, Berlin 2018, 199

Bergmans B., Juristischer Fachfremdsprachenunterricht als Zugang zur Rechtsvergleichung, am Beispiel Deutsch als Fremdsprache, in: Ders. (Hrsg.), Jahrbuch der Rechtsdidaktik/Yearbook of Legal Education 2017, Berlin 2018, 251

Bergmans B., Wirtschaftsjuristen im Wandel des Rechtsdienstleistungsmarkts, Berlin 2017, 5. Teil, Abschnitt B

Bergmans B., Die rechtsdidaktische Bedeutung von Persönlichkeit und Emotionalität der Lehrenden, in: Ders. (Hrsg.), Jahrbuch der Rechtsdidaktik/Yearbook of Legal Education 2018/2019, Berlin 2020, 285

Bergmans B., Juristenausbildung in Belgien, in: Ders. (Hrsg.), Jahrbuch der Rechtsdidaktik/Yearbook of Legal Education 2018/2019, Berlin 2020, 329

Bergmans B., Die Verführung der Augen und die Folgen für die Lehre: Erfahrungen und Erkenntnisse aus der juristischen Visualisierungspraxis eines Lehrenden, in:

Ders. (Hrsg.), Jahrbuch der Rechtsdidaktik/Yearbook of Legal Education 2018/2019, Berlin 2020, 83

Bergmans B., Wirtschaftsjuristische Studiengänge als Alternative zur Volljuristenausbildung, in: Kramer U., Kuhn T., Putzke H. (Hrsg.), Was muss Juristenausbildung heute leisten?, Stuttgart 2019, 318

Bergmans B., Didaktik von Recht im Nebenfach: Ein Problemaufriss, in: Ders. (Hrsg.), Jahrbuch der Rechtsdidaktik/Yearbook of Legal Education 2020/2021, Berlin 2022, 161

Bergmans B., Recht für Wirtschaftswissenschaftler als didaktische Aufgabe, in: Ders. (Hrsg.), Jahrbuch der Rechtsdidaktik/Yearbook of Legal Education 2020/2021, Berlin 2022, 177 (Erstveröffentlichung in: ReWir – Recklinghäuser Beiträge zu Recht und Wirtschaft 1/2010, 1 (urn:nbn: de:hbz:1010-260, www.nbn-resolving.de)

Bergmans B., Kompetenzen in Rechtsdidaktik und Juristenausbildung, in: Ders. (Hrsg.), Jahrbuch der Rechtsdidaktik/Yearbook of Legal Education 2020/2021, Berlin 2022, 275

Bergmans B., Juristische Kompetenzen - Anlagen: Regularien und good-practice-Beispiele, in: Ders. (Hrsg.), Jahrbuch der Rechtsdidaktik/Yearbook of Legal Education 2020/2021, Berlin 2022, 346

Bergmans B., Zum Stand der juristischen Fachdidaktik in Deutschland. Eine Bestandsaufnahme zum zehnjährigen Bestehen der ZDRW, ZDRW 2022, 197

Bergmans B., Gildeggen R., Der Praxisbezug im Bachelor-Studiengang ‚Wirtschaftsrecht' an Fachhochschulen, ZDRW 2015, 108

Bergmans B., Siedersleben D., JURSIM – Interdisziplinäres Planspiel „Unternehmensrecht und -management" im Master-Studiengang Wirtschaftsrecht: Ein Projektbericht, in: Bergmans B. (Hrsg.), Jahrbuch der Rechtsdidaktik/Yearbook of Legal Education 2016, Berlin 2017, 271

Berka W., Die Lehre der Jurisprudenz: Bildung der Ausbildung?, in: Warto P., Zumbach J., Lagodny O., Astleitner H. (Hrsg.), Rechtsdidaktik – Pflicht oder Kür?, Baden-Baden 2017, 17

Berkemann J., Vorüberlegungen und Strukturierung der verwaltungsrechtlichen Klausur, ZDRW 2021, 224

Berlit U., Dreier H., Ambivalenz der Ausbildungsreform – Auseinandersetzung mit einem Erfahrungsbericht, KJ 1981, 150

Bernhardt R., Vom Provinzialismus deutscher Juristenausbildung, JZ 1971, 581

Bernhardt W., Leeb C.-M., IT in der Juristenausbildung: E-Justice-Kompetenz, in: Kramer U., Kuhn T., Putzke H. (Hrsg.), Was muss Juristenausbildung heute leisten?, Stuttgart 2019, 84

Beurskens M., Recht lernen am Computer?! – Sinn und Unsinn des E-Learning in der juristischen Ausbildung, in: Kramer U., Kuhn T., Putzke H. (Hrsg.), Fehler im Jurastudium. Ausbildung und Prüfung, Stuttgart 2012, 195

Beurskens M., „Mut zur Lücke" – nicht nur im Schwerpunktbereich!, in: Kramer U., Kuhn T., Putzke H. (Hrsg.), Schwerpunkte im Jurastudium, Stuttgart 2015, 205

Beurskens M., Neue Spielräume durch Digitalisierung? E-Learning in der deutschen Rechtslehre, ZDRW 2016, 1

Beurskens M., Grass is always greener on the other side of the fence, Bonner Rechtsjournal (Sonderausgabe) 2016, 13

Beurskens M., CaSim – Digitale Fallsimulationen in der juristischen Ausbildung: Spielerei oder Lernen mit System?, Bergmans B. (Hrsg.), Jahrbuch der Rechtsdidaktik/Yearbook of Legal Education 2016, Berlin 2017, 213

Beurskens M., Clinical Education – Praxisnahes wissenschaftliches Studium als Quadratur des Kreises?, in: Kramer U., Kuhn T., Putzke H. (Hrsg.), Was muss Juristenausbildung heute leisten?, Stuttgart 2019, 142

Beurskens M., Mehr oder minder unerwartete didaktische Hürden für juristisches E-Learning, in: Beurskens M., Kramer U., Kuhn T., Putzke H. (Hrsg.), Juristenausbildung 4.0, Stuttgart 2021, 153

Beurskens M., Erfahrungen mit der Rechtdidaktik der letzten zehn Jahre, in: Griebel J., Gröblinghoff F., Kuhn T., Schimmel R. (Hrsg.), Rechtsdidaktik. Erreichtes – Misslungenes – Zukünftiges, Baden-Baden 2023, 13

Beurskens M., Digitale Prüfungs- und Korrekturformate – Pandemie als Aufbruchssignal zur Qualitätsverbesserung?, in: Griebel J., Gröblinghoff F., Kuhn T., Schimmel R. (Hrsg.), Rechtsdidaktik. Erreichtes – Misslungenes – Zukünftiges, Baden-Baden 2023, 123

Bickel N., Examiniertes Examen: das erste Juristische Staatsexamen; Interviews mit Prüflingen durch einen Prüfer und andere Texte, Norderstedt 2004

Bieback K., Bachelor und Master in Deutschland. Qualitative Hochschulreform oder Mittel zu Wettbewerbsorientierung und Bildungsabbau? FoR 2004, 49

Biebl W., Die Wahlfachgruppen in der Juristenausbildung, in: Merten D. (Hrsg.), Probleme der Juristenausbildung. Vorträge des 11. Sonderseminars 1978 der Hochschule für Verwaltungswissenschaften Speyer, Berlin 1980, 97

Bickel N., Fabricius D., Pawlytta M., Lippmann J., Schindzielorz L., Examiniertes Examen, Norderstedt 2004

Bierbrauer zu Brennstein S.-Ch. von, Die Juristenausbildung in der SBZ-DDR als System durchgeformter Kontrolle. Eine Quellenauswertung unter besonderer Berücksichtigung der Auswahl, Aus- und Weiterbildung der Staatsanwälte, Berlin 2024

Bihs A., Annäherungen an eine Didaktik des Jugendarrests, ZfStrVo 2014, 326

Bilda K., Juristenausbildung im Wandel, NWVBl 2002, 1

Bilda K., Reformüberlegungen zum Einheitsjuristen, DRiZ 1996, 430

Bilda K., Zur Reform der Juristenausbildung, JuS 1989, 681

Birkmann A., Praxisintegrierte Juristenausbildung als Gefahr, ZRP 2000, 234

Bischof H. H., Zur Reform der Juristenausbildung, AnwBI 1991, 304

Bitter G., Der Bachelor-Studiengang „Unternehmensjurist/in Universität Mannheim“, in: Bergmans B. (Hrsg.), Berufs- und Arbeitsmarktperspektiven von Bachelor- und Master-Juristen, Stuttgart 2013, 27

Blanke T., „Reformatio in peius“? Zur Geschichte der Ausbildungsreform. Ein Gespräch mit Rudolf Wiethölter, KJ 1981, 1

Bleckmann F., Zur Einführung, in: Bleckmann F. (Hrsg.), Selbstlernkompetenzen im Jurastudium. Bedeutung – Praxis – Perspektiven, Stuttgart 2015, 7

Bleckmann F., Wissenschaftlichkeit in der Studieneingangsphase, in: Kramer U., Kuhn T., Putzke H. (Hrsg.), Schwerpunkte im Jurastudium, Stuttgart 2015, 77

Bleckmann F., Grundlagen und Themen einer kritischen Rechtsdidaktik, KJ 2016, 305

Bleckmann F., Motivation im Jurastudium, in: Griebel J. (Hrsg.), Vom juristischen Lernen, Baden-Baden 2018, 97

Bleckmann F., Das Justizunrecht des 20. Jahrhunderts gehört in die juristische Ausbildung!, ZDRW 2019, 76

Bleckmann F., Didaktik des Selbststudiums, in: Krüper J. (Hrsg.), Rechtswissenschaft lehren. Handbuch der juristischen Fachdidaktik, Tübingen 2022, § 43

Bleckmann F., Wissenschaftlichkeit und Professionsorientierung im Jurastudium, in: in: Krüper J. (Hrsg.), Rechtswissenschaft lehren. Handbuch der juristischen Fachdidaktik, Tübingen 2022, § 10

Bleckmann F., Pickert C., Raupach T., Möglichkeiten der Evaluation, in: Bleckmann F. (Hrsg.), Selbstlernkompetenzen im Jurastudium. Bedeutung – Praxis – Perspektiven, Stuttgart 2015, 226

Bleckmann F., Raupach T., Same Same But Different – Praxisbezüge in der Ausbildung von JuristInnen und MedizinerInnen, in: Pilniok A., Brockmann J. (Hrsg.), Die juristische Profession und das Jurastudium, Baden-Baden 2017, 107

Bleifuß B., Absurdes Jurastudium, AL 2015, 260

Blocher W., „Mobiles Lernen“ im Studiengang Wirtschaftsrecht an der Universität Kassel, ZDRW 2014, 44

Blomeyer J., Zum „Münchener Modell“ für eine einstufige Juristenausbildung, JR 1970, 296

Blomeyer J., Das juristische Studium im Medienverbund, JZ 1973, 118

Bock D., Forum Strafrechtsdidaktik: Die vorlesungsbegleitende Arbeitsgemeinschaft im Strafrecht für Erst- und Zweitsemester, ZJS 2/2009, 222

Böckenförde E. W., Juristenausbildung – auf dem Weg ins Abseits?, JZ 1997, 317

Böcker N., Reform der Juristenausbildung: ein Kommentar von einer frischgebackenen Volljuristin, AnwBl 2000, 33

Böglmüller M., Blick in die Praktika-Praxis: Praktikum bei Gleiss Lutz, in: Kramer U., Kuhn T., Putzke H. (Hrsg.), Was muss Juristenausbildung heute leisten?, Stuttgart 2019, 200

Böhm T., Ein Vergleich der Didaktik und Methodik der Rechtskunde in der Bundesrepublik Deutschland und der Law-Related Education in den Vereinigten Staaten von Amerika, Frankfurt 1988

Böhm W., Die einstufige Juristenausbildung in Bremen – Zwischen Reform und Reformation, JuS 1974, 679

Böhm W., Nochmals: Die einstufige Juristenausbildung in Bremen. Replik, JuS 1974, 820

Böhm W., Die einstufige Juristenausbildung in Bremen, in: Gutjahr-Löser P. (Hrsg.), Neues Recht durch neue Richter? Der Streit um die Ausbildungsreform der Richter, München/Wien 1975, 61

Bohndick C., Möglichkeiten für die empirische Rechtsdidaktik aus Perspektive der empirischen Hochschulbildungsforschung, RECHTS|EMPIRIE, 14.12.2023, DOI: 10.25527/re.2023.21

Boisen D., Gebt den Studenten die Verantwortung zurück, Bonner Rechtsjournal (Sonderausgabe) 2016, 24

Bomke-Teßmer K., Integrierte Qualitätsoffensive an der Juristischen Fakultät Düsseldorf – Eine Projektskizze, Bergmans B. (Hrsg.), Rechtslehre. Jahrbuch der Rechtsdidaktik/Yearbook of Legal Education 2013/2014, Berlin 2015, 113

Bomke-Teßmer K., Simulation von Gerichtsverhandlungen: „Moot Courts" und „Mock Trials", ZDRW 2014, 266

Böning A., Nicht für das Examen lernen wir? Über die Sozialisations- und Disziplinierungseffekte juristischer Prüfungen, in: Brockmann J., Pilniok A. (Hrsg.), Prüfen in der Rechtswissenschaft – Probleme, Praxis und Perspektiven, Baden-Baden 2013, 159

Böning A., Zwischen Mythos, Magie und Modernisierung: Neue Perspektiven auf die Juristenausbildung, in: Hochschulrektorenkonferenz (Hrsg.), Juristenausbildung heute. Zwischen Berlin und Bologna, Bonn 2014, 20, www.hrk-nexus.de/fileadmin/redaktion/hrk-nexus/07-Downloads/07-02-Publikationen/140618_HRK_Juristenausbildung_web.pdf

Böning A., Rechtswissenschaft, juristische Ausbildung und soziologische Praxistheorie – Eine Theorieübung mit Bourdieu, ZDRW 2014, 195

Böning A., Wolfgang Schüttes „Einübung des juristischen Denkens" in der Re-Lektüre: Ein kritischer Blick auf die juristische Ausbildung nach 30 Jahren, in: Brockmann J., Pilniok A. (Hrsg.), Studieneingangsphase in der Rechtswissenschaft, Baden-Baden 2014, 260

Böning A., Das Lehrbuch (nicht nur) im Staatsorganisationsrecht – eine fachdidaktische Notiz, in: Krüper J., Pilniok A. (Hrsg.), Staatsorganisationsrecht lehren, Baden-Baden 2016, 131

Böning A., Gleiches Recht für alle? Juristische Profession und soziale Herkunft, in: A. Pilniok, J. Brockmann (Hrsg.), Die juristische Profession und das Jurastudium, Baden-Baden 2017, 59

Böning A., Jura Studieren. Eine explorative Untersuchung im Anschluss an Pierre Bourdieu, 2017

Böning A., „Let's discover our teaching!" Scholarship od Teaching and Learning (SoTL) als Möglichkeit der Professionalisierung rechtswissenschaftlicher Lehre – und als Anlass, um weitere Entdeckungen machen zu können, ZDRW 2024, 2

Böning A., Fachkultur als Aspekt von Rechtsdidaktik, in: Krüper J. (Hrsg.), Rechtswissenschaft lehren. Handbuch der juristischen Fachdidaktik, Tübingen 2022, § 11

Böning A., Studienphasen als kognitive Sozialisationsphasen, in: Krüper J. (Hrsg.), Rechtswissenschaft lehren. Handbuch der juristischen Fachdidaktik, Tübingen 2022, § 41

Boosen D., Das Lehrgebiet Kriminologie im Studium der Rechtswissenschaft, KrimOJ 2023, 231

Boosen D., Praxisbezug im Lehrgebiet Kriminologie im Studium der Rechtswissenschaft – Eine hochschuldidaktisch-empirische Betrachtung, ZDRW 2023, 430

Bork R., Die ‚große Vorlesung' für Juristen – Handreichungen für eine Massenveranstaltung, JuS 1999, 413

Bork R., Rahmenbedingungen der Juristenausbildung für eine rechtswissenschaftliche Fachdidaktik, in: Brockmann J., Dietrich J. H., Pilniok A. (Hrsg.), Exzellente Lehre im juristischen Studium. Auf dem Weg zu einer rechtswissenschaftlichen Fachdidaktik, Baden-Baden 2011, 59

Bornemann F., Repetitoren-Dämmerung. Ein Repetitor antwortet, JZ 1954, 738

Borowski M., Sparzwänge und Reformhysterie!?: ein Plädoyer für mehr Ehrlichkeit in der Diskussion zur Reform der Juristenausbildung, NordÖR 2000, 96

Bosch F.-W., Jahresabschlussklausuren für Zweitsemester in Bochum, JuS 1967, 479

Bosse E., Gelingendes Studieren in der Studieneingangsphase am Beispiel der Rechtswissenschaft, ZDRW 2018, 208

Böss-Ostendorf A., Senft H., Jura lehren: Ein Fall für Lern-Experten, Rechtslehre. Jahrbuch der Rechtsdidaktik 2012, Berlin 2013, 25

Böttcher R., Reform der Juristenausbildung: Fortschritt mit Augenmaß, in: Dölling D., Erb V. (Hrsg.), Festschrift K.-H. Gössel zum 70. Geburtstag, Heidelberg 2002, 711

Bouthinon-Dumas H., Recht als Bestandteil der Managerausbildung, in: Bergmans B. (Hrsg.), Jahrbuch der Rechtsdidaktik/Yearbook of Legal Education 2020/2021, Berlin 2022, 195

Branahl U., Didaktik für Juristen. Hinweise zur Gestaltung von Arbeitsgemeinschaften für Referendarinnen und Referendare in Hessen, Dortmund 2003, www.jpa-wiesbaden.justiz.hessen.de/irj/Justizpruefungsamt_Internet?cid=babae1c509989a96f6fef4e4a7c7c228

Branahl U., Didaktische Hinweise für die Gestaltung der praktischen Studienzeiten in Hessen, Dortmund 2006, www.jpa-wiesbaden.justiz.hessen.de

Branahl U., Francke R., Walther W., Ziele und Funktionen einer praxisbezogenen Ausbildung, in: Herz O (Hrsg.), Praxisbezug im Studium. Dokumentation des Kongresses vom 20.-22. November 1974 in Hamburg, Blickpunkt Hochschuldidaktik Heft 35, Hamburg 1975, 348

Brand J., Der pädagogische Wert des Rechts, Dt. Richterzeitung 1985, 252

Braum S., Perspektiven europäischer Juristenausbildung, KritV 2007, 266

Braun J., 10 Antithesen zur Reform des juristischen Studiums, ZRP 1998, 41 f

Braun J., Der Geist der modernen Juristenausbildung ist leicht zu fassen, JZ 2000, 889

Braun J., Nicht für das Leben, für die Prüfung paukt der Rep, ZRP 2000, 241

Braun J., Juristenausbildung – aber wie und wozu?, in: Omlor S. (Hrsg.), Weltbürgerliches Recht. Festschrift für M. Martinek zum 70. Geburtstag, München 2020

Braun J., Bloß keine neuen Regulative, Jura 2021, 735 und 743

Braun M., Erste Augsburger Schlußbilanz, JZ 1978, 633

Braun M., Ertrag und Zukunft der Ausbildungsreform, JA 1983, 512

Braun M., Juristenausbildung in Deutschland, Berlin 1980

Braun M., Rechtsstudium in Blockeinheiten (Erfahrungen mit verblockten Lehrveranstaltungen an der Universität Augsburg), JZ 1978, 557

Braun M., Reform der zweistufigen Ausbildung, JA 1982, 186

Braun M., Studienreformpläne der Justizminister, JA 1982, 479

Braunheim D., Zlatkin-Troitschanskaia O., Nagel M.-T., Erfassung und Förderung von Kompetenzen zum kritischen Umgang mit Online-Informationen bei Rechtsreferendarinnen und -referendaren, ZDRW 2023, 145

Breidenbach S., Eine neue Juristenausbildung, NJW 2020, 2862

Breidenbach S., Juristenausbildung und legal tech, in: Breidenbach S., Glatz F. (Hrsg.), Rechtshandbuch Legal Tech 2018, 301

Breidenbach S., Gläßer U., Eckpunkte für eine neue Juristenausbildung, 2020, https://www.newschooloflaw.de/

Brieske R., Juristenausbildung aus Anwaltssicht, in: Heldrich A., Schlechtriem P., Schmidt E. (Hrsg.), Recht im Spannungsfeld von Theorie und Praxis. Festschrift für H. Heinrichs zu 70. Geburtstag, München 1998, 57

Brink J., Juristenausbildung in der Kritik – Betroffene berichten. Sozialisation eines „neuen Juristen“?, KJ 1981, 141

Brinkmann H., Forschendes Lernen in der Rechtswissenschaft, in: Bundesassistentenkonferenz, Forschendes Lernen – Wissenschaftliches Prüfen, Bonn 1970 (Nachdruck Bielefeld 2009), 49

Brinktrine R., Schneider H., Juristische Schlüsselqualifikationen, Berlin 2008

Brintzinger O. L., Husserls Reformpläne im Kreuzfeuer der Kritik. Diskussion und Resolution der Heidelberger Fachgruppentagung, JZ 1953, 546

Brintzinger O. L., Für die akademische Freizügigkeit. Eine Erklärung der Fachgruppe Rechtswissenschaft, JZ 1954, 384

Brintzinger O. L., Reformwünsche der Fachgruppe Rechtswissenschaft, JZ 1955, 237

Brintzinger O. L., Die Fachgruppe Rechtswissenschaft zur Ausbildungsreform, JZ 1957, 570

Brintzinger O. L., Diskussion zur Studienreform in der Fachgruppe Rechtswissenschaft, JZ 1958, 731

Brintzinger O. L., Jahrestagung 1957 des Bundesreferendarverbandes, JZ 1958, 116

Brockmann J., JuWeL – Kollegiales Lehrcoaching und Zertifikat für Lehrende an der Fakultät für Rechtswissenschaft der Universität Hamburg, in: Bergmans B. (Hrsg.), Jahrbuch der Rechtsdidaktik/Yearbook of Legal Education 2015, Berlin 2016, 99

Brockmann J., Lernzielorientierung und Veranstaltungsplanung in der Rechtswissenschaft, in: Krüper J. (Hrsg.), Rechtswissenschaft lehren. Handbuch der juristischen Fachdidaktik, Tübingen 2022, § 25

Brockmann J., Schmidt M., Einführung: Die Bedeutung der Rechtsvergleichung für das Lehren und Lernen der Rechtswissenschaft, in: Brockmann J., Pilniok A., Schmidt M. (Hrsg.), Rechtsvergleichung als didaktische Herausforderung, Tübingen 2020, 1

Brockmann J., Pilniok A., Prüfen in der Rechtswissenschaft; Probleme, Praxis und Perspektiven, in: Dies. (Hrsg.), Prüfen in der Rechtswissenschaft; Probleme, Praxis und Perspektiven, Baden-Baden 2013, 9

Brockmann J., Schmidt M., Was wird künftig im Staatsexamen geprüft? Für eine qualitative Präzisierung der Prüfungsanforderungen, ZDRW 2017, 83

Brockmann J., Dietrich J. H., Pilniok A., Stand und Perspektiven der rechtswissenschaftlichen Fachdidaktik, in: Dies. (Hrsg.), Methoden des Lernens in der Rechtswissenschaft, Baden-Baden 2012, 276

Brockmann J., Dietrich J. H., Pilniok A., Von der Lehr- zur Lernorientierung – auf dem Weg zu einer rechtswissenschaftlichen Fachdidaktik, Jura 2009, 579

Brockmann J., Dietrich J.-H., Pilniok A., Von der Lehr- zur Lernorientierung – auf dem Weg zu einer rechtswissenschaftlichen Fachdidaktik, in: Huber L., Pilniok A., Sethe R. et al (Hrsg.), Forschendes Lehren im eigenen Fach, 2. Aufl., Bielefeld 2018, 37

Brockmann J., Musumeci L., Szabó L., Wenn die eine Hand weiß, was die andere tut – Arbeitsteilige Verknüpfung von Vorlesung, Arbeitsgemeinschaft und angeleitetem Selbststudium, in: Krüper J., Pilniok A. (Hrsg.), Staatsorganisationsrecht lehren, Baden-Baden 2016, 108

Broemel R., Perspektiven der Lehre in der Examensvorbereitung, in: Brockmann J., Dietrich J. H., Pilniok A. (Hrsg.), Exzellente Lehre im juristischen Studium. Auf dem Weg zu einer rechtswissenschaftlichen Fachdidaktik, Baden-Baden 2011, 205

Broemel R., Zivilrechtliche Compliance als Beispiel für die Relevanz von Organisation für das Recht und die Juristenausbildung, in: Hof H., Götz von Olenhusen P. (Hrsg.), Rechtsgestaltung – Rechtskritik – Konkurrenz von Rechtsordnungen … Neue Akzente in der Juristenausbildung, Baden-Baden 2012, 370

Broemel R., Erste Juristische Prüfung: Stolperstein oder Katalysator für den Lernprozess?, in: Bleckmann F. (Hrsg.), Selbstlernkompetenzen im Jurastudium. Bedeutung – Praxis – Perspektiven, Stuttgart 2015, 169

Broemel R., Didaktische Formate im rechtswissenschaftlichen Studium, in: Krüper J. (Hrsg.), Rechtswissenschaft lehren. Handbuch der juristischen Fachdidaktik, Tübingen 2022, § 24

Broemel R., Muthorst O., Forschendes Lernen in der Endphase des Studiums, in: Brockmann J., Dietrich J. H., Pilniok A. (Hrsg.), Methoden des Lernens in der Rechtswissenschaft, Baden-Baden 2012, 89

Broemel R., Stadler L., Lernstrategien im Jurastudium, Jura 2014, 1209

Brohm W., Notwendigkeit und Ziele einer Curriculum-Reform für die Juristenausbildung in der BRD, in: L'educazione giuridica, Vol. I: Modelli di Università e Progetti di riforma, Perugia 1975, 255

Brox H. u. a. (Hrsg.), So schön kann Jura sein. Der Repetitor Dr. jur. Paul Schneider, Bonn 1985

Brückler K. O., Verkürzung des Vorbereitungsdienstes und was dann?, DRiZ 1970, 244

Brüderlin F., Hinrichsmeyer J., Eckl L., Hinz L., Klausurenwerkstatt für die mittleren Semester – Ein Werkstattbericht, ZDRW 2024, 138

Brüning J., Im Angesicht von Corona: Die universitäre Lehre im Wandel, Zeitschrift für das Juristische Studium 2020, 521

Brüning J., KI als Herausforderung für das juristische Studium, ZDRW 2024, 291

Brunnée J., The reform of legal education in Germany: The never-ending story and European integration, 42 J. Leg. Ed. 399 (1992)

Brunner G., Die Ausgestaltung der Verwaltungsausbildung im Vorbereitungsdienst, in: Becker E., Ule C. H. (Hrsg.), Die Verwaltungsausbildung der Juristen. Vorträge und Diskussionsbeiträge der verwaltungswissenschaftlichen Arbeitstagung der Hochschule für Verwaltungswissenschaften Speyer vom 21.–23. Oktober 1964, Berlin 1965, 35

Brunschwig C. R., Humanoid robots in legal education, in: Bergmans B. (Hrsg.), Jahrbuch der Rechtsdidaktik/Yearbook of Legal Education 2018/2019, Berlin 2020, 261

Bryde B.-O., Rechtssoziologische Anmerkungen zur Diskussion über die Reform der Juristenausbildung, Strempel D., Rasehorn T. (Hrsg.), Empirische Rechtssoziologie. Gedenkschrift für W. Kaupen, Baden-Baden 2002, 213

Bryde B.-O., Wallrabenstein A., Erprobung alternativer Seminarformen: Blockseminar „Verfassungsgericht in Transformationsprozessen“ JuS 2002, 517

Büchel H., Reformbedürftigkeit der Juristenausbildung in Deutschland, NJ 1990, 376

Buchholz E., Überlegungen zur künftigen Juristenausbildung in der DDR, NJ DDR 1989, 176

Buchholz E., Überlegungen zur künftigen Juristenausbildung in der DDR – und in einem einheitlichen Deutschland, ZRP 1990, 254

Büchner-Uhder W., Erfahrungen und Aufgaben bei der Ausbildung von Studenten an den rechtswissenschaftlichen Sektionen der Universitäten, NJ DDR 1978, 195

Buckel S., Die Mechanik der Macht in der juristischen Ausbildung, KJ 2002, 111

Bücker A., Woodruff W. A., ‚Clinical legal education‘ – eine Option für die deutsche Juristenausbildung?, JZ 2008, 1068

Bühler R., Juristenausbildung im Bachelor/Master-System? Bologna und die Rechtswissenschaften in Deutschland, in: Schrapper L. (Hrsg.), Ausbildung für die öffentliche Verwaltung. Zur Zukunft des öffentlichen Dienstes als Arbeitsgeber, Baden-Baden 2011, 49

Bull H. P., Das Dilemma der juristischen Verwaltungsausbildung, in: Bull H. P. (Hrsg.), Verwaltungslehre in Hamburg 1962-2002, Hamburg 2003, 57

Bull H. P., Für die Abschaffung des Vorbereitungsdienstes, RuP 1968, 128

Bull H. P., Zum Stand der Reform, JuS 1969, 192

Bull H. P., DDR – Vorbild für uns?, Neue Juristenausbildung. Materialien des Loccumer Arbeitskreises zur Reform der Juristenausbildung, hrsg. vom Loccumer Arbeitskreis, Neuwied/Berlin 1970, 167

Bull H. P., Einstufige Juristenausbildung im Aufbau, JuS 1974, 266

Bull H. P., Die Reform ist tot – es lebe die Reform, in: Giehring H., Haag F., Hoffmann-Riem W., Ott C. (Hrsg.), Juristenausbildung – neu überdacht. Erfahrungen aus der einstufigen Juristenausbildung als Grundlage für eine weiterhin anstehende Reform, Baden-Baden 1990, 1

Bull H. P., Irrtümer über die Juristenausbildung, ZRP 2000, 425

Bull H. P., Von der Rechtswissenschaftlichen Fakultät zur Fachhochschule für Rechtskunde?, JZ 2002, 977

Bull H. P., Wandlungen in der Lehre und Neuorganisation des Wahlschwerpunkts, in: Bull H. P. (Hrsg.), Verwaltungslehre in Hamburg 1962 – 2002, Hamburg 2003, 69

Bülte N., Römer T., Das Trial-Monitoring-Programme an der Philipps-Universität Marburg, ZDRW 2018, 61

Burgdorf R., Die elektronische Klausur in der Zweiten Juristischen Staatsprüfung in Sachsen-Anhalt, in: Beurskens M., Kramer U., Kuhn T., Putzke H. (Hrsg.), Juristenausbildung 4.0, Stuttgart 2021, 111

Burger F., Die Klausurenklinik: Wesentlicher Bestandteil der Klausurnachbereitung, ZDRW 2019, 165

Burgi M., Die glückende Reform: Zur neuen Juristenausbildung an den Universitäten, NJW 2003, 2804

Buri E., Probleme der juristischen Ausbildung in der Verwaltung, JZ 1964, 650

Busse B., Baldarelli M., Mohr M., Das Selbststudium im Bachelor – Didaktische Grundlagen und praktische Beispiele, Kriminalistik 2010, 534, 615

Busse F., Reform der Juristenausbildung, aber wie?, AnwBl 1996, 593

Caesar P., Zur Reform der Juristenausbildung, ZRP 1990, 346

Cancik P., Grundlagenfächer und Fachdidaktik – Fragen an die Konzeption einer rechtswissenschaftlichen Fachdidaktik, in: Brockmann J., Dietrich J. H., Pilniok A. (Hrsg.), Exzellente Lehre im juristischen Studium. Auf dem Weg zu einer rechtswissenschaftlichen Fachdidaktik, Baden-Baden 2011, 115

Casper M., Wider der bleiernen Litanei vom flauen und unpädagogischen Juraprof, AL 2015, 365

Cassens J. T., Bemerkungen zu dem Modellentwurf für die einstufige Juristenausbildung in Hessen, JuS 1973, 797

Cassens J.-T., Juristenausbildungsreform. Ein neuer Versuch?, in: Goydke J. u. a. (Hrsg.) Vertrauen in den Rechtsstaat. Beiträge zur deutschen Einheit im Recht. Festschrift für W. Remmers, Köln 1995, 345

Castro-Lesching W. E., Schilly U. B., Wienen U., Deutschkompetenz im Jurastudium – eine Skizze aus linguistischer Sicht, in: Krüper J. (Hrsg.), Rechtswissenschaft lehren. Handbuch der juristischen Fachdidaktik, Tübingen 2022, § 31

Cavagnoli S., Schweigkofler A., Fachmann – Fachtext – Fachdidaktik: Wie vermitteln Juristen ihr Fach?, in: Baumann K.-D., Kalverkämper H. (Hrsg.), Pluralität in der Fachsprachenforschung, Tübingen 2004, 191

Cavalieri I., Loos C., Die Profistufe – Eine herausfordernde Fortbildung mit hoher Relevanz für die Rechtsdidaktik, in: Warto P., Deibl I., Lagodny O., Astleitner H.,

Zumbach J., Rechtsdidaktik. Vom Selbstverständnis einer neuen Disziplin, Wien 2021, 136

Chandna-Hoppe K., Die Simulation einer gerichtlichen Verhandlung in der juristischen Vorlesung – Eine Methode zur Förderung der Argumentationskompetenz, ZDRW 2021, 88

Chiofalo V., Milas M., Die geschlossene Gesellschaft der Rechtswissenschaft: Chancen und Grenzen von Open Educational Resources, ZDRW 2023, 168

Chiusi T., Der Deutsche Juristen-Fakultätentag und unsere Juristenausbildung, jM (Juris Die Monatszeitschrift) 2021, 481

Christensen R., Pötters S., Methodische Fehler in juristischen Prüfungen, JA 2010, 566

Christian H., Studierfähigkeit für das Fach Rechtswissenschaft, München 1980 (zugleich Diss. Mannheim 1979)

Christoph S., Lehren ist auch „Selbstbereicherung“, ZDRW 2019, 215

Coelln C. von, Wessel H., Plädoyer für die Abschaffung der Schwerpunktbereiche, in: Kramer U., Kuhn T., Putzke H. (Hrsg.), Schwerpunkte im Jurastudium, Stuttgart 2015, 34

Coing H., Bemerkungen zu dem Modellentwurf für die einstufige Juristenausbildung in Hessen, JuS 1973, 797

Commichau G., Ausbildung und Fortbildung des Anwalts, NJW 1977, 1361

Costede J., Diplomstudium und Universitätsabschluß der Jurastudenten an der Martin-Luther-Universität Halle-Wittenberg im Umbruch, in: Goydke J. u. a. (Hrsg.) Vertrauen in den Rechtsstaat. Beiträge zur deutschen Einheit im Recht. Festschrift für W. Remmers, Köln 1995

Cremer H.-J., Workshop „juristisches Genreschreiben – Juristen im Beruf“, JuS 2002, 1036

Croon-Gestefeld J., Klafki A., Liebenow P., Straubinger B., Wildhirth J., Winter T., Reform der Juristenausbildung. Ein Vorschlag aus Hamburg, JuS aktuell 10/2015, 48

Czerny O., Classroom Response Systems in der juristischen Lehre (auch oder gerade) in Zeiten von Corona, ZDRW 2020, 326

Czerny O., Die Didaktik von Lösungsskizze und Musterlösung, in: Krüper J. (Hrsg.), Rechtswissenschaft lehren. Handbuch der juristischen Fachdidaktik, Tübingen 2022, § 38

Czerny O., Analyse von Falllösungsskizzen zu Examensübungsklausuren, RECHTS| EMPIRIE, 26.10.2023, DOI: 10.25527/re.2023.18

Dahmen S., Stolzenburg J., Nielsen L., Juristenausbildung: Fachkräftemangel vorprogrammiert, AnwBl 2024, 220

Dauner-Lieb B., Der Bologna-Prozess – Endgültig kein Thema für die Juristenausbildung?, AnwBl 2006, 5

Dauner-Lieb B., Bologna – Gefahr oder Chance für die Juristenausbildung?, DRiZ 2008, 34

Dauner-Lieb B., Lehrforschung und forschendes Lernen im Jurastudium, in: Hof H., Götz von Olenhusen P. (Hrsg.), Rechtsgestaltung – Rechtskritik – Konkurrenz von Rechtsordnungen … Neue Akzente in der Juristenausbildung, Baden-Baden 2012, 138

Dauner-Lieb B., „Gute juristische Lehre" – Ist das überhaupt ein Thema?, ZDRW 2014, 1

Dauner-Lieb B., Recht erfahrbar machen – was Drittsemester leisten können, in: HRK-projekt nexus (Hrsg.), Juristenausbildung heute. Zwischen Berlin und Bologna, Bonn 2014, 46

Dauner-Lieb B., Die Schuldrechtsreform in der akademischen Lehre – ist das überhaupt ein Thema?, in: Artz M., Gsell B., Lorenz S. (Hrsg.), Zehn Jahre Schuldrechtsmodernisierung, Tübingen 2014, 267

Dauner-Lieb B., Rusche, Tim M., Umansky A., Europa, Europäisierung und Juristenausbildung, in: Beckmann R.M., Mansel H.-P., Matusche-Beckmann A. (Hrsg.), Weitsicht in Versicherung und Wirtschaft Gedächtnisschrift für U. Hübner, Heidelberg 2012, 629

Dauner-Lieb B., Wessel H., Pernice-Warnke P., Das Projekt „Recht aktiv" – Ein ganzheitliches Konzept für exzellente Lehre im juristischen Studium, in: Brockmann J., Dietrich J.H., Pilniok A. (Hrsg.), Exzellente Lehre im juristischen Studium, Baden-Baden 2011, 185

Dauner-Lieb, B., Sanders A., Ernst L., Lernen in der Krise: Werkstattbericht über ein Corona-Projekt, ZDRW 2020, 402

de Wall H., Zur Reform der Juristenausbildung: Den Grundlagenfächern und dem Kirchenrecht eine Chance!, JuS 2002, 207

de Wall, H., Administrative Aspekte der Juristenausbildungsreform 2002, in: Geis M. E., Umbach D. C. (Hrsg.), Planung, Steuerung, Kontrolle. Festschrift für R. Bartlsperger zum 70. Geburtstag, Berlin 2006, 451

Deckert M., Das Proprium der Wirtschaftsjuristen, in: Bergmans B. (Hrsg.), Jahrbuch der Rechtsdidaktik/Yearbook of Legal Education 2015, Berlin 2016, 129

Dedek H., Didaktische Zugänge zur Rechtslehre in Nordamerika, in: Brockmann J., Dietrich J. H., Pilniok A. (Hrsg.), Exzellente Lehre im juristischen Studium. Auf dem Weg zu einer rechtswissenschaftlichen Fachdidaktik, Baden-Baden 2011, 41

Dedek H., Recht an der Universität: „Wissenschaftlichkeit" der Juristenausbildung in Nordamerika, JZ 2009, 540

Deibl I., Zumbach J., Geiger V., Neuner C., Constructive Alignment in der rechtswissenschaftlichen Lehre – Überprüfung und Validierung eines Fragebogens im interdisziplinären Vergleich, in: Astleitner H., Deibl I., Lagodny O., Warto P., Zumbach J. (Hrsg.), Rechtsdidaktik zwischen Theorie und Praxis, Baden-Baden 2019, 60

Deibl I., Zumbach J., Trockner M., Geiger V., Rechtsdidaktik für die Schule – Alte und neue Felder für juristische Bildung und Ausbildung, in: Warto P., Deibl I., Lagodny O., Astleitner H., Zumbach J., Rechtsdidaktik. Vom Selbstverständnis einer neuen Disziplin, Wien 2021, 73

Deichsel W., Innovative didaktische Praxis in der Rechtslehre: die Rechtsfallwerkstatt, in: Oxenknecht-Witzsch R. et al. (Hrsg.), Soziale Arbeit und Soziales Recht, Neuwied und Kriftel 2009, 301

Derfler S., Die soziale Seite des Studiums, ZDRW 2017, 46

Derleder P., Staatsexamen und Berufsqualifikation – Was leisten eigentlich die Justizprüfungsämter? NJW 2005, 2834

Determann C., Zwischenbilanz der Ausbildungsreform, JZ 1965, 276

Deutscher Anwaltverein, Reform der Juristenausbildung DAV-Modell, AnwBl 1990, 362

Deutscher Anwaltverein, Stellungnahme des Ausbildungsausschusses des Deutschen Anwaltvereins zu dem Entwicklungsprojekt an der Fachhochschule Nordostniedersachsen zum Studiengang Wirtschaftsrecht in Lüneburg – Stand, Januar 1993, Bonn, 15. April 1993

Deutscher Anwaltverein, Deutscher Anwaltverein und Bundesrechtsanwaltskammer verabschieden Thesen zur Juristenausbildung, Pressemitteilung des DAV Nr. 22/96 vom 16. Dezember 1996, NJW 1997, Heft 5, S. XIV

Deutscher Anwaltsverein, Entwurf eines Gesetzes zur Einführung einer Spartenausbildung in der Juristenausbildung, AnwBl 2007, 45

Deutscher Anwaltverein, Fünf Thesen des DAV zur Umsetzung des Bologna-Prozesses, AnwBl 2008, 686

Deutscher Juristen-Fakultätentag, Beschluß des Deutschen Juristen-Fakultätentages zur Effektivierung des Studiums und Verringerung der Studiendauer, 26.5.1990, JuS 1990, 772

Deutscher Juristen-Fakultätentag, Bericht des Deutschen Juristenfakultätentags über die Stellungnahmen der Fakultäten zur Koordinierung der Juristenausbildung – „Fakultätenbericht", Mai 2017 (http://www.djft.de/medien/pdf/Fakultätenbericht.pdf)

Deutscher Richterbund, „Ausbildungssystem überdenken". Diskussionsthesen des DRB zur Reform der Juristenausbildung, DRiZ 1990, 275

Deutscher Richterbund, Leitsätze zur Reform der Juristenausbildung, DRiZ 1970, 204

Dichgans H., Erst mit dreißig im Beruf? Vorschläge zur Bildungsreform, Stuttgart 1965

Dichgans H., Law Schools in Deutschland?, AnwBl 1971, 79

Dicke M., Mattik D., Brauchen wir den Einheitsjuristen – oder kommt die Spartenausbildung?, AnwBl 2006, 30

Dieckmann J., Das Ende eines langen Laufs: zum Länderentwurf eines Gesetzes zur Reform der Juristenausbildung, RuP 2001, 193

Dietrich J.-H., Reflexive Rechtswissenschaft: Zur Notwendigkeit einer rechtswissenschaftlichen Didaktik, KritV 2012, 217

Dietrich J.-H., Akteure und Institutionen juristischen Lehren und Lernens, in: Krüper J. (Hrsg.), Rechtswissenschaft lehren. Handbuch der juristischen Fachdidaktik, Tübingen 2022, § 5

Dilcher H., Bochumer Versuch mit programmunterstütztem Rechtsunterricht, JuS 1968, 391

Dilcher H., Programmierter Rechtsunterricht, JZ 1970, 214

Dillbahner A., Viehmeyer S., Welti F., Das Sozialrecht in der akademischen Lehre außerhalb der klassischen Juristenausbildung, SDSRV Nr. 65 (2015), 171

Dohnany, K. von, Bildung des Juristen für eine offene Welt. Warum die Entscheidung für Bachelor und Master leichtfallen sollte, AnwBl 2008, 691

Dölle H., Heidelberger Tagung, Eröffnungsrede, JZ 1956, 634

Dombek B., Die gesetzliche Fortbildungspflicht des Rechtsanwalts in Deutschland und Europa, in: Bundesrechtsanwaltskammer Bundesnotarkammer (Hrsg.), Festschrift 50 Jahre Deutsches Anwaltsinstitut e.V., Recklinghausen 2003, 41

Donnepp I., Die Neuordnung der Juristenausbildung. Überlegungen nach 15 Jahren Diskussion und Erprobung, Broda C. u.a. (Hrsg.), Festschrift für R. Wassermann zum sechzigsten Geburtstag, Darmstadt/Neuwied 1985, 549

Döring U., Bologna: Eine Chance für eine Neuordnung der juristischen Ausbildung – Ein Modell für die Justizministerkonferenz im Herbst 2008, AnwBl 2008, 688

Dormanns C., Anfertigung von Hausarbeiten in den Semesterferien?, JuS 1963, 454

Dreier R., Die Rechtssoziologie im Gefüge der juristischen Grundlagenfächer, in: Dreier H. (Hrsg.), Rechtssoziologie am Ende des 20. Jahrhunderts, Tübingen 2000, 309

Driessen S., Erfahrungsbericht einer Assessorin, RuP 2007, 114

Dubischar R., Theorie und Praxis in der Rechtswissenschaft, Freiburg 1978

Dubro H., Stellungnahme eines Richters zur Denkschrift, JuS 1961, 171

Duchstein M., Gruppenquiz, ZDRW 2015, 67

Duden K., Bemerkungen über die heutige deutsche Juristenausbildung vom Standpunkt des Praktikers, JZ 1956, 644

Duden K., Bildung und Stand der Juristen – alte und neue Ideale, AnwBl 1955, 149

Duden K., Trinks J., Vergleichende Perspektiven auf die Rolle der Rechtsvergleichung in der Juristenausbildung, in: Brockmann J., Pilniok A., Schmidt M. (Hrsg.), Rechtsvergleichung als didaktische Herausforderung, Tübingen 2020, 27

Düwel P., Modell Hannover, RuP 1972, 143

Düwel P., Zur künftigen Juristenausbildung, RuP 1981, 11

Duttge G., Vom Sinn des Gutachtenstils, ZDRW 2020, 75

Dylla-Krebs C., Warum es gut und richtig ist, die Vornoten zu kennen – Ein Plädoyer dafür, den Prüferinnen und Prüfern in den juristischen Staatsprüfungen weiterhin vor der mündlichen Prüfung die Klausurnoten mitzuteilen, ZDRW 2018, 148

Dylla-Krebs C., Die Befähigung zum Richteramt als Leitbild der deutschen Juristenausbildung, Bonner Rechtsjournal (Sonderausgabe) 2016, 1

Dylla-Krebs C., Jungermann J., Elektronische Klausuren in juristischen Staatsprüfungen in Nordrhein-Westfalen, in: Beurskens M., Kramer U., Kuhn T., Putzke H. (Hrsg.), Juristenausbildung 4.0, Stuttgart 2021, 75

Dyrchs P., Didaktikkunde für Juristen. Eine Annäherung an die Kunst des juristischen Lehrens, Bielefeld 2013

Dyrchs P., Pannen R., Gehört die juristische Ausbildung an die Fachhochschulen?, in: Bergmans B. (Hrsg.), Jahrbuch der Rechtsdidaktik/Yearbook of Legal Education 2016, Berlin 2017, 57

Ebenig J., Von der Uni auf die Straße, KritV 2017, 160

Ebenroth C. T., Entwicklungstendenzen der juristischen Ausbildung – Herausforderungen an zukünftige Juristen, Konstanz 1981

Ebert I., Die Normierung der juristischen Staatsexamina und des juristischen Vorbereitungsdienstes in Preußen 1849–1934, Berlin 1995

Ebke W. F., Juristenausbildung zwischen Staat und Markt, in: Boemke B., Lembke M., Linck R. (Hrsg.), Festschrift für G. Frhr. v. Hoyningen-Huene zum 70. Geburtstag. München 2014, 71

Eckert M., Zum Stand der anwaltsorientierten Juristenausbildung in Deutschland, in: Deckenbrock C., Höpfner C., Kilian M., Markworth D., Sittard U. (Hrsg.), Arbeit, Wirtschaft, Recht. Festschrift für Martin Henssler zum 70. Geburtstag, München 2023, 1371

Eckertz R., Die Aufgaben einer Didaktik der Rechtswissenschaft, in: Loccumer Arbeitskreis (Hrsg.), Neue Juristenausbildung. Materialien des Loccumer Arbeitskreises zur Reform der Juristenausbildung, Neuwied 1970, 42, Wiederabdruck in ZDRW 2019, 125

Eckertz R., Die blockierte Studienreform – Eine Erwiderung, JuS 1969, 393

Eckertz R., Fünf Thesen zur Reform des Juristischen Studiums, RuP 1968, 158

Edenfeld S., Die Struktur des juristischen Lernens ist das A und O, JA 1996, 843

Edenfeld S., Strukturiertes Lernen und Überzeugen, Jura 2004, 604

Effer-Uhe D., Mohnert A., Veranstaltungskonzept „Psychologie für Juristen", ZDRW 2018, 99

Eggensperger D., Der Freiversuch – ein Reformschritt?, JuS 1993, 87

Ehlers H., Basel II: Aufgaben für Wirtschaftsjuristen, NJW 2005, 3256

Ehlers U.-D., Geier N., Eigbrecht L., Curriculare Einbettung und didaktische Umsetzung von Future Skills in der Hochschullehre, ZDRW 2023, 336

Eichel F., Fünf Bücher, aber kein Plan – Kritische Bemerkungen zur didaktischen Wirklichkeit der juristischen Studienpläne, in: Kramer U., Kuhn T., Putzke H. (Hrsg.), Was muss Juristenausbildung heute leisten?, Stuttgart 2019, 72

Eickelberg J., Lehre als ganzheitliches Konzept. Die Fruchtbarmachung und Umsetzung didaktischer Erkenntnisse ausder Lehr-/Lernforschung am Beispiel des juristischen Lehrbuchs, in: Berendt B. u. a. (Hrsg.), Neues Handbuch Hochschullehre, D.1.3 (online unter https://www.nhhl-bibliothek.de/)

Eickelberg J., Didaktik für Juristen. Wissensvermittlung – Präsentationstechnik – Rhetorik, München 2017

Eickelberg J., Die juristische Lehre im New Normal – Remote Flipped Classroom, Story-Telling, Gamification, exemplarisches Lehren und Podcasts als Elemente digitaler juristischer Lehre im Sommersemester 2020, ZDRW 2020, 412

Eickelberg J., Krätzschel H., Digitale Lehre. Studium – Referendariat – Weiterbildung, München 2021

Eidenmüller H., Analytische Methoden für Juristen: Methodenlehre 2012, in: Hof H., Götz von Olenhusen P. (Hrsg.), Rechtsgestaltung – Rechtskritik – Konkurrenz von Rechtsordnungen … Neue Akzente in der Juristenausbildung, Baden-Baden 2012, 486

Eidenmüller H., Die Rolle von Verhandlungsmanagement und Mediation in der Juristenausbildung, in: Hof H., Götz von Olenhusen P. (Hrsg.), Rechtsgestaltung – Rechtskritik – Konkurrenz von Rechtsordnungen … Neue Akzente in der Juristenausbildung, Baden-Baden 2012, 356

Eindel P. A., Scheinspezialisierung und Verzettelung als mögliche Folgen der Juristenausbildungsreform, Jura 2003, 79

Einmahl M., Stary J., Juristische Lehre für Nichtjuristen, Das Hochschulwesen 2003, 165

Eirich K., Computergestützte Lehre in der Jurisprudenz, Diss. Würzburg 2008

Eirich K., E-Learning in der juristischen Ausbildung, Jura 2005, 277

Eith W., Die Zentrale Forschungsgruppe zur Juristenausbildung in Mannheim, JuS 1979, 380

Eith W., Zehn Jahre Einstufige Juristenausbildung – vorläufige Kurzbilanz und Ausblick, ZRP 1982, 47

Emmerich V., Über einige Probleme des Jurastudiums, in: Schmithals F. (Hrsg.), Wissen und Bewusstsein. Studien zu einer Wissenschaftsdidaktik der Disziplinen, Interdisziplinäres Zentrum für Hochschuldidaktik, Bielefeld 1982, 42

Emmrich V., Schreibaufgabe „Gutachten“ – Eine Betrachtung des Erwerbs von Textkompetenz im Jurastudium, in: J. Brockmann, A. Pilniok (Hrsg.), Recht sprechen lernen. Sprache im juristischen Studium, Baden-Baden 2016, 85

Enck P., Die „Bundesevaluation“ aller einphasigen Jura-Studiengänge, in: Hellstern G. M., Wollmann H. (Hrsg.), Experimentelle Politik – Reformstrohfeuer oder Lernstrategie, Bestandsaufnahme und Evaluierung, Opladen 1983, 358

Enders J., Teichler U., Berufsbild der Lehrenden und Forschenden an Hochschulen, Bonn, Bundesministerium für Bildung, Wissenschaft, Forschung und Technologie 1995

Engelhard H. A., Rechtspolitische Vorstellungen des Bundesministers der Justiz für die 10. Legislaturperiode, ZRP 1983, 233

Engelmann F., Bologna statt Sparte oder: Die Zukunft der Juristenausbildung, NJ 2007, 60

Erdsiek G., Die Denkschrift zur jur. Studienreform – Zur Überfüllung des Juristenberufs, NJW 1959, 1576

Erdsiek G., Zum Stand der juristischen Ausbildungsreform, NJW 1964, 697

Erichsen H. U., Thesen zum Elend und zur Reform des Jurastudiums, Jura 1998, 449

Erichsen H. U., Münch I. von, Erwägungen zu einer Studienreform durch Einführung eines Drei-Stufen-Studiums, JuS 1978, 66

Ernestus C., Partikel H., Zimmer A., EDV-Ausbildung für Jurastudenten, CR 1988, 69

Ernst W., Gelehrtes Recht – Die Jurisprudenz aus der Sicht des Zivilrechtslehrers, in: Engel C., Schön W. (Hrsg.), Das Proprium der Rechtswissenschaft, Tübingen 2007, 3

Eschweiler P., Zur Didaktik der richterlichen Fortbildung, in: Schmidt-Hieber W., Wassermann R. (Hrsg.), Justiz und Recht. Festschrift aus Anlass des 10jährigen Bestehens der Deutschen Richterakademie in Trier, Heidelberg 1983, 319

Eusani G., Bologna, Bachelor, FH-Juristen & Co – Stellungnahme eines Doppelabsolventen zur Juristenausbildung, ZRP 2009, 27

Evaluationsagentur Baden-Württemberg (Hrsg.), Evaluationsbericht Rechtswissenschaft an den Universitäten und Fachhochschulen in Baden-Württemberg, Mannheim 2006 (Download unter www.evalag.de, unter ‚Veröffentlichungen‘)

Evangelische Akademie Loccum (Hrsg.), Die Reform der Juristenausbildung. Auch unter dem Aspekt der gesamtdeutschen Juristenausbildung, Niederschrift der Tagung „Juristen in Deutschland Anforderungen an eine zukünftige juristische Ausbildung“, Bonn 1992

Evers-Vosgerau C., Eckpunktepapier zu Bologna: DRB verschließt sich nicht der Entwicklung – Interner Diskussionsstand zur zukünftigen Juristenausbildung, DRiZ 2008, 162

Ewer W., Ausbilden wird zu einer unternehmerischen Entscheidung – es geht um die Sicherung der anwaltlichen Qualität, AnwBl 2007, 24

Ewer W., Bologna-Prozess: Mit Bachelor auf dem Weg zum Anwalt, AnwBl 2008, 668

Fabricius D., Befragung zu „psychologisch orientierten Veranstaltungen" an rechts- und wirtschaftswissenschaftlichen Fakultäten und an Gerichten, JA 1994, 608

Fabricius D., TZI in der Juristenausbildung, in: Portele G., Heger M. (Hrsg.), Hochschule und lebendiges Lernen. Beispiele für Themenzentrierte Interaktion, Weinheim 1995, 149

Fabricius D., Kahle E., Systematisches Denken und System-Modellierung: Forschendes Lernen in den Kriminalwissenschaften, ZDRW 2015, 1

Fangmann H. D., Kritik des sog. „Loccumer Modells" zur Juristenausbildung, KJ 1969, 406

Fechner E., Lehrfilm und juristische Ausbildung, JZ 1969, 185

Fedtke J., Prüfungen unter Computereinsatz aus US-amerikanischer Sicht, in: Beurskens M., Kramer U., Kuhn T., Putzke H. (Hrsg.), Juristenausbildung 4.0, Stuttgart 2021, 131

Fehling M., Der didaktische Mehrwert „intradisziplinärer" Rechtsvergleichung, in: Brockmann J., Pilniok A., Schmidt M. (Hrsg.), Rechtsvergleichung als didaktische Herausforderung, Tübingen 2020, 149

Fehling M., Die Lehrfreiheit als Grundlagen didaktischen Handelns, in: Krüper J. (Hrsg.), Rechtswissenschaft lehren. Handbuch der juristischen Fachdidaktik, Tübingen 2022, § 4

Felix D., Das Sozialrecht in der universitären Lehre, in: Knickrehm K.-J., Rust U. (Hrsg.), Festschrift für Karl-Jürgen Bieback, Baden-Baden 2010, 13

Feltes T., Ruch A., Bildungsreserven nutzen. Plädoyer für die aktive Förderung von Studierenden aus hochschulfernen Milieus am Beispiel der Juristenausbildung, in: Hilgendorf E., Rengier R. (Hrsg.), Festschrift für Wolfgang Heinz zum 70. Geburtstag, Baden-Baden 2012, 909

Feltes T., Junge H., Ruch A., Großveranstaltungen im Jurastudium mit Arbeitsgruppen begleiten, in: Berendt B. u. a. (Hrsg.), Neues Handbuch Hochschullehre, E.2.9 (online unter https://www.nhhl-bibliothek.de/)

Fenge H. (ed.), ELPIS for Europe: the European and comparative dimension of law teaching in Europe, Baden-Baden 2006

Fenge H., Europäische Juristenausbildung zwischen Provinzialismus und den Anforderungen des Binnenmarktes, in: Häberle P. u.a. (Hrsg.), Festschrift für D. Tsatos zum 70. Geburtstag, Baden-Baden 2003, 125

Ferid M., Vorschlag zu einer unbürokratischen Zwischenlösung zur Reform der Juristenausbildung, JZ 1961, 318

Fikentscher W., Rechtsunterricht mit Entscheidungssammlungen, in: Tübinger Festschrift für J. Kern, Tübingen 1968, 139

Filges A. C., Die gemeinsame Ausbildung von Richtern und Rechtsanwälten: ein Ausblick auf Bologna, in: Deutscher Richterbund (Hrsg.), Justiz und Recht im Wandel der Zeit. Festgabe 100 Jahre Deutscher Richterbund, Köln 2009, Köln 2009, 169

Finzel D., Reform der Juristenausbildung, in: Bundesrechtsanwaltskammer Bundesnotarkammer (Hrsg.), Festschrift 50 Jahre Deutsches Anwaltsinstitut e.V., 2003, 89

Finzel D., Sparte adé! – Anmerkungen zum DAV-Entwurf eines Bundesrechtsanwaltsausbildungsgesetzes, BRAK-Mitt. 2006, 242

Fischer F., Der „Diplom-Wirtschaftsjurist (FH)" – Etikettenschwindel oder Ausweg?, AnwBl 1994, 77

Fischer G., Einführung: Der Bologna-Prozess an den juristischen Fakultäten, in: Fischer G., Wünsch T. (Hrsg.), Der Bologna-Prozess an den juristischen Fakultäten, Baden-Baden 2006, 11

Fischer N., Die neue ‚anwaltsorientierte' Juristenausbildung. Oder: ‚studium jurisprudentiae semper reformandum', AnwBl 2003, 319

Fischer N., Herausforderungen an die zivilprozessuale Ausbildung: reformierte Juristenausbildung, Anwaltsorientierung und Bedeutungszuwachs des Zivilverfahrensrechts, ZZP 2006, 39

Fischer N., Kuntze-Kaufhold G., „Hören, Sehen, Sprechen": Schlüsselqualifikationen als Katalysator rechtswissenschaftlicher Lehre und Forschung, Arbeitspapier/ Fachbereich Rechtswissenschaft, Goethe-Universität Frankfurt am Main Nr. 2014, 5 (urn:nbn:de:hebis:30:3-288059, www.nbn-resolving.de)

Flege H., Quo vadus Wahlfach?, JA 2001, 336

Flessner A., Deutsche Juristenausbildung. Die kleine Reform und die europäische Perspektive, JZ 1996, 689

Flotho M., Abschied vom Einheitsjuristen?, in: Heldrich A., Schlechtriem P., Schmidt E. (Hrsg.), Recht im Spannungsfeld von Theorie und Praxis. Festschrift für H. Heinrichs zu 70. Geburtstag, München 1998, 223

Foerste U., Reform des Jurastudiums im Interesse der Rechtspflege, Jura 1999, 122

Foljanty L., Das Justizunrecht des 20. Jahrhunderts als Gegenstand der juristischen Ausbildung, in: Nettersheim G. J., Kiesel D. (Hrsg.), Das Bundesministerium der Justiz und die NS-Vergangenheit. Bewertungen und Perspektiven, Göttingen 2021, 257

Franke V., Paasch F., Soliman M., Better Call „Legal-UP": Die Law-Clinic an der Universität Potsdam (UP), Anwaltsblatt 2024, 356

Francke R. (Hrsg.), Neuartige Leistungskontrollen in der Rechtswissenschaft – Ihre Anforderungen in Beiträgen von Bremer Hochschullehrern, 2. Aufl., Bremen 1982

Francke R., Hopp H. J. (Hrsg.), Einstufige Juristenausbildung in Bremen. Evaluation eines Reformmodells, Alsbach/Bergstraße 1986

Franosch T., Schulz T., Examensvorbereitung im Internet und mit Computersoftware, Teil I und II, Jura 2001, 859, Jura 2002, 67

Franz J., Wienhausen E., Endeward S., Der Integrierte Juristische Bachelor, in: Bergmans B. (Hrsg.), Jahrbuch der Rechtsdidaktik/Yearbook of Legal Education 2020/2021, Berlin 2022, 33

Franz K., Sonderausbildung für Wirtschaftsjuristen, JZ 1955, 201

Franzius C., Struktur und Inhalte eines verwaltungsrechtlichen Curriculums, ZDRW 2015, 93

Freiburg S., Erst studieren, dann taxifahren?, JuS 2000, 515

Frenzel E. M., Die Europäisierung der deutschen Rechtsordnung – eine Perspektive für die Lehre, ZDRW 2014, 352

Frenzel E. M., Die Korrektur der Klausur und ihr Wert – eine Handreichung für Studenten und Korrektoren, ZJS 2011, 327

Frenzel E. M., Im Jenseits des Korridors guter fachlicher Praxis – wie Klausuren nicht korrigiert werden sollten, in: Kramer U., Kuhn T., Putzke H. (Hrsg.), Fehler im Jurastudium. Ausbildung und Prüfung, Stuttgart 2012, 81

Frenzel E. M., Struktur und Inhalte eines verfassungsrechtlichen Curriculums, ZDRW 2016, 187

Frenzel E. M., Variationen für das Staatsorganisationsrecht in der Lehre, in: Krüper J., Pilniok A., (Hrsg.), Staatsorganisationsrecht lehren, Baden-Baden 2016, 9

Frenzel E. M., Kollegiale Korrektur, ZDRW 2017, 210

Frenzel E. M., Rechtssoziologie – das unbenannte Prüfungsfach: Bedeutung, Methoden, Geschichte, JuS 2018, 517

Freund K. P., Entwicklung und Situation der Rechtskunde im Schulunterricht, Die Deutsche Schule 10/1978, 584

Frey K., Nebengebietsvorlesungen mit Wiederholungsblöcken, ZDRW 2020, 232

Frey M., Bilinguale Lehre in Rechtsfächern – fachdidaktische Ansätze, Methoden und Möglichkeiten, ZDRW 2014, 301

Frey M., Forschendes Lernen im Bereich der rechtlichen Fragen der Erneuerbaren Energien – ein Werkstattbericht am Beispiel der Hochschule für öffentliche Verwaltung Kehl, ZDRW 2014, 251

Frey M., Forschendes Lernen in der Rechtswissenschaft?, in: Astleitner H., Deibl I., Lagodny O., Warto P., Zumbach J. (Hrsg.), Rechtsdidaktik zwischen Theorie und Praxis, Baden-Baden 2019, 30

Fricke-Finkelnburg R., Rechtsdidaktische Positionen im Widerstreit, Politische Didaktik 2/1978, 17

Fries M., Staatsexamen für Roboteranwälte?, ZRP 2018, 161

Fries M., Studium digitale? Fünf Thesen gegen eine Revolution!, in: Beurskens M., Kramer U., Kuhn T., Putzke H. (Hrsg.), Juristenausbildung 4.0, Stuttgart 2021, 50

Fritsch-Oppermann S., Oppermann B. (Ev. Akademie Loccum, Hg.), Die Ausbildung künftiger Juristen und Juristinnen und die europäische Rechtsharmonisierung, Rehburg-Loccum 2002

Fritzemeyer W., Die Bedeutung der „Soft Skills" für die Juristenausbildung und die juristischen Berufe, NJW 2006, 2825

Fromholzer F., Juristisches Magisterstudium in Deutschland, ZEuP 1994, 175

Fruth T., Der „einphasige" Rechtshandwerker, KJ 1981, 159

Fruth T., Zurück in die 50er Jahre. Zum Gesetzentwurf zur Neuregelung der Juristenausbildung, RuP 1984, 107

Fuhrmann B. W., Zahlen in der strafrechtlichen Revisionsklausur, JA 2022, 321

Funk A., Wissmann S., Hidden Figures: Internationale Moot Courts aus der Coaching Perspektive, ZDRW 2020, 49

Funke A., Haltung zeigen der Haltung einnehmen? – Justizunrecht des 20. Jahrhunderts in der Juristenausbildung, NJW 2018, 1930

Funke A., Konjunkturen in der Bedeutung von Grundlagenfächern, in: Funke A., Krüper J., Lüdemann J. (Hrsg.), Konjunkturen in der öffentlich-rechtlichen Grundlagenforschung, Tübingen 2015, 37

Funke A., Rechtswissenschaftliches Grundlagencurriculum – Funktionen und Formen, in: Krüper J. (Hrsg.), Rechtswissenschaft lehren. Handbuch der juristischen Fachdidaktik, Tübingen 2022, § 15

Funke A., Eichinger A., Der Mock Trial im Verwaltungsprozessrecht, ZDRW 2017, 135

Gallon W., Mangold A. K., Geschichte des rechtsdidaktischen Diskurses, in: Krüper J. (Hrsg.), Rechtswissenschaft lehren. Handbuch der juristischen Fachdidaktik, Tübingen 2022, § 3

Garnitschnig K., Lachmayer F., Computergrafik und Rechtsdidaktik, Wien 1979

Gastiger S., Die Leistung des Rechts innerhalb interdisziplinär gedachter Module – Hochschuldidaktische Erwägungen zu einer Bezugswissenschaft, in: Oxenknecht-Witzsch R. et al. (Hrsg.), Soziale Arbeit und Soziales Recht, Neuwied und Kriftel 2009, 309

Gauseweg S., Studierenden-geführter Klausurenkurs, ZDRW 2021, 157

Gauseweg S., Zumkeller-Quast F., Arbeitsteilige schriftliche Falllösung. ZDRW 2021, 165

Geck W. K., Die Lehre des Völkerrechts an den Universitäten der Bundesrepublik Deutschland, ZaöVR 33 (1973), 73

Geck W. K., The reform of legal education in the Federal Republic of Germany, 25 Am. J. Comp. L. 86 (1977)

Gehrken J., Der klägliche Rest. Die „kleine" JuMiKo-Ausbildungsreform, FoR 2001, 130

Geib C., Das E-Examen aus Sicht der Studierenden, in: Beurskens M., Kramer U., Kuhn T., Putzke H. (Hrsg.), Juristenausbildung 4.0, Stuttgart 2021, 117

Geib E., Die Ausbildung des Nachwuchses für den höheren Verwaltungsdienst unter besonderer Berücksichtigung der Geschichte der Justiz- und Verwaltungsausbildung in Preußen, AöR Bd. 80 (1955/56), 30

Geis M. E., Verkürzung der Juristenausbildung – Zur Änderung des Deutschen Richtergesetzes, JuS 1993, 261

Georgescu L., Die Gründung einer Studentischen Rechtsberatung am Modell der Universität Passau, Zeitschrift für praktische Rechtswissenschaft 2014, 109

Geppert K., Einmal mehr und immer wieder: zur Reform der Juristenausbildung: Gedanken eines jungen Emeritus zu einem alten Thema, in: Koriath H. u. a. (Hrsg.), Grundfragen des Strafrechts, Rechtsphilosophie und die Reform der Juristenausbildung, Göttingen 2010, 55

Geppert O., Sonderausbildung für Wirtschaftsjuristen?, JZ 1954, 317

Gerhards W., Festansprache, in: Pieroth B. (Hrsg.), Juristenausbildung zwischen Staat und Hochschule, Heidelberg 2003, 17

Gerholz K. H., Förderung von Lernkompetenz über Texte – Illustriert am Beispiel der Learning News, ZDRW 2015, 215

Gerholz K. H., Gruppenpuzzle – Didaktische Gestaltung und Illustration aus der Lehrerbildung, ZDRW 2014, 261

Gerlach R., Wirtschaftsjurist/Wirtschaftsjuristin, 6. Aufl., Bielefeld 1995 (Bundesanstalt für Arbeit, Blätter zur Berufskunde 3–IX B 03)

Germann M., Der Beitrag der Kirchenrechtswissenschaft zur juristischen Ausbildung und Bildung, in: Hartmann F. (Hrsg.), Kirchenrechtsgeschichte und Gegenwart, Leipzig 2008, 121

Germelmann C. F., Challenges and Approaches to Modern Legal Education in a European Perspective, in: Ders. (ed.), Innovative Teaching in European Legal Education, Baden-Baden 2021, 9

Gerson O. H., Juristisches Panorama, ZDRW 2016, 174

Gerson O. H., Rechtswissenschaftsdogmatik und Rechtswissenschaftsdidaktik als dialogische Gegenspieler? – Gespräche „zwischen" den Welten, ZDRW 2017, 1

Gierhake K., Aufgeklärte Juristenausbildung, NJW-aktuell 15/2019

Gierhake K., Das Unmögliche ist geschuldet: Kritische Überlegungen zum Studium der Rechtswissenschaft, ZDRW 2020, 3

Gieseking J., Clinical Legal Education: Die Refugee Law Clinic an der Justus-Liebig-Universität Gießen, ZDRW 2014, 245

Giglberger M., *Peter H.*, *Wüst S.*, Das JurSTRESS-Projekt, ZDRW 2020, 236

Gildeggen R., Das Praxissemester im Bachelor-Studium Wirtschaftsrecht: Ein Best-Practices-Paper, in: Bergmans B. (Hrsg.), Rechtslehre. Jahrbuch der Rechtsdidaktik/Yearbook of Legal Education 2015, Berlin 2016, 215

Gildeggen R., Die Weiterentwicklung der wirtschaftsjuristischen Studiengänge in Deutschland, in: Bergmans B. (Hrsg.), Rechtslehre. Jahrbuch der Rechtsdidaktik/Yearbook of Legal Education 2015, Berlin 2016, 137

Gildeggen R., Lorinser B., Tybussek B., Der Bachelor Wirtschaftsrecht als berufsqualifizierender und strategischer erster akademischer Abschluss – Beobachtungen aus der Hochschule für Gestaltung, Technik, Wirtschaft und Recht Pforzheim, NJOZ 2011, 1353

Gildeggen R., Vogelbacher J., Jenseits von Moot Courts: Praxissimulationen im Studium des Wirtschaftsrechts, in: Bergmans B. (Hrsg.), Jahrbuch der Rechtsdidaktik/Yearbook of Legal Education 2016, Berlin 2017, 259

Gilles P., Fischer N., Juristenausbildung 2003 – Anmerkungen zur neuesten Ausbildungsreform, NJW 2003, 707

Gladitz A., „Denn meine Gedanken zerreißen die Schranken", ZDRW 2016, 327

Gladitz A., Rechtsvergleichung im fachkommunikativen Fremdsprachenunterricht, in: Brockmann J., Pilniok A., Schmidt M. (Hrsg.), Rechtsvergleichung als didaktische Herausforderung, Tübingen 2020, 105

Gläßer U., Re-Intellektualisierung durch Digitalisierung?, in: Dauner-Lieb B. , Kaulbach A.-M. (Hrsg.), E-Learning im Jurastudium, ZDRW Sonderband 1, 2018, 13

Gläßer U., Didaktik des E-Learning – Grundfragen, Herausforderungen, Grenzen, in: Krüper J. (Hrsg.), Rechtswissenschaft lehren. Handbuch der juristischen Fachdidaktik, Tübingen 2022, § 39

Gläßer U., Mediation als Gegenstand der Juristenausbildung – Perspektiven und didaktisches Potenzial, in: Krüper J. (Hrsg.), Rechtswissenschaft lehren. Handbuch der juristischen Fachdidaktik, Tübingen 2022, § 35

Gläßer U., Zur Schlüsselrolle der Schlüsselqualifikationen für eine ganzheitliche juristische Ausbildung – strukturelle, inhaltliche und didaktische Anregungen, in: Krüper J. (Hrsg.), Rechtswissenschaft lehren. Handbuch der juristischen Fachdidaktik, Tübingen 2022, § 34

Gläßer U., Schroeter K., Adrian L., Was wird durch die Mediationsausbildungen bewirkt?, ZKM 2020, 44

Glöckner A., Towfigh E. V., Juristenausbildung: Messgenauigkeit und Fairness in Staatsprüfungen. Aktuelle Studien zeigen Gruppen-Unterschiede in juristischen Examina auf, AnwBl 10/2016, 706

Glofke C., Krise der juristischen Bildung. Juristentagung der Evangelischen Akademie Loccum, DRiZ 1969, 17

Goeckenjan I., Rückblick und weitere Perspektiven aus Sicht des akademischen Mittelbaus, in: Hof H., Götz von Olenhusen P. (Hrsg.), Rechtsgestaltung – Rechtskritik – Konkurrenz von Rechtsordnungen … Neue Akzente in der Juristenausbildung, Baden-Baden 2012, 532

Goeckenjan I., Struktur und Gegenstand des Strafrechtscurriculums, in: Krüper J. (Hrsg.), Rechtswissenschaft lehren. Handbuch der juristischen Fachdidaktik, Tübingen 2022, § 19

Goeckenjan I., Dörtelmann-Horstmann J., Meißner P., Podcasts als Lehr- und Lernmedien in der rechtswissenschaftlichen Ausbildung. ZDRW 2024, 115

Goerdeler J., Rechtswissenschaft und Didaktik, FoR 1998,029

Goerdeler J., Muth I., Pelzer M., Schilling O., Modell einer Integrierten Juristenausbildung – Reformentwurf des Bundesarbeitskreises Juragruppen, in: Strempel D. (Hrsg.), Juristenausbildung zwischen Internationalität und Individualität – auch ein Problem der Gesetzgebung, Baden-Baden 1998, 93

Goll T., Rechtliches Lernen, in: Lange D., Reinhardt V. (Hrsg.), Basiswissen Politische Bildung (Bd.1). Konzeptionen, Strategien und Inhaltsfelder Politischer Bildung, Baltmannsweiler 2017

Goll U., Praxisintegrierte Juristenausbildung als Chance, ZRP 2000, 38

Golombiewski B., Steuerliche Planspiele, Berlin 1995

Göring B., Das Modell Hannover einer einstufigen Juristenausbildung, DVBl 1973, 121

Görisch C, Hölbling P., Podcasts in der juristischen Lehre, in: Astleitner H., Deibl I., Lagodny O., Warto P., Zumbach J. (Hrsg.), Rechtsdidaktik zwischen Theorie und Praxis, Baden-Baden 2019, 91

Gornisch G., Rechtswissenschaftliche Ausbildung an der Martin-Luther-Universität Halle, JuS 1992, 358

Görres-Ohde K., Ethische Forderungen zur Rechtskritik, in: Hof. H., Götz von Olenhusen P. (Hrsg.), Rechtsgestaltung – Rechtskritik – Konkurrenz von Rechtsordnungen … Neue Akzente in der Juristenausbildung, Baden-Baden 2012, 293

Gostomczyk T., Jahn J. (Hrsg.), Briefe an junge Juristen, München 2015

Götte T., Impulsreferat zum Symposium, in: Deutscher Juristen-Fakultätentag (Hrsg.), Der „Bologna-Prozess" und die Juristenausbildung in Deutschland (Symposium in Berlin, 22. September 2005), Stuttgart 2007, 52

Götz C., Lasch S., Reinhardt F., Die internetbasierte Steuerarten Lernumgebung ISLU, Steuer&Studium 2002, 194

Götz von Olenhusen P., Resumee aus Sicht der Richter, in: Hof H., Götz von Olenhusen P. (Hrsg.), Rechtsgestaltung – Rechtskritik – Konkurrenz von Rechtsordnungen … Neue Akzente in der Juristenausbildung, Baden-Baden 2012, 550

Gramm C., „Die Lehre ist kein Feld der Ehre", ZRP 1991, 220

Gramm C., Wolf H. A., Jura – erfolgreich studieren, 6. Aufl., München 2012

Grammes T., Kommunikative Fachdidaktik. Politik. Geschichte. Recht. Wirtschaft, Opladen 1998

Grammes T., Wathling U., Interpretative Unterrichtsforschung, Wirtschafts- und Rechtsdidaktik im „Lieferungsverzug“, in: Fischer A., Hartmann G. (Hrsg.), In Bewegung. Dimensionen der Veränderung von Aus- und Weiterbildung. Festschrift für Joachim Dikau zum 65. Geburtstag, Bielefeld 1994, 360

Greferath R., Didaktik des Rechtsunterrichts an allgemeinbildenden Schulen, Weinheim 1994

Gressmann M., Die Reform der Juristenausbildung. Einführung, Texte, Materialien, Bonn 2002

Griebel J., Grundlagen des juristischen Lernens, in: Griebel J. (Hrsg.), Vom juristischen Lernen, Baden-Baden 2018, 159

Griebel J., Herausforderungen und Grenzen des E-Learnings im Studium, in: Beurskens M., Kramer U., Kuhn T., Putzke H. (Hrsg.), Juristenausbildung 4.0, Stuttgart 2021, 139

Griebel J., Herausforderungen für die Rechtsdidaktik – Ein Kampf gegen Windmühlen, in: Griebel J., Gröblinghoff F., Kuhn T., Schimmel R. (Hrsg.), Rechtsdidaktik. Erreichtes – Misslungenes – Zukünftiges, Baden-Baden 2023, 19

Griebel J., Der erweiterte Gestaltungsrahmen des Jurastudiums – Juristisches Studierendenprojekte als ungenutztes Potenzial, in: Griebel J., Gröblinghoff F., Kuhn T., Schimmel R. (Hrsg.), Rechtsdidaktik. Erreichtes – Misslungenes – Zukünftiges, Baden-Baden 2023, 187

Griebel J., Studierendenzentrierung an der Universität Maastricht, ZDRW 2023, 421

Griebel J., Sabanogullari L., Moot Courts: Eine Praxisanleitung für Teilnehmer und Veranstalter, Nomos, Baden-Baden 2011

Griebel J., Schimmel R., Fragen an den staatlichen Teil der Ersten Juristischen Prüfung, in: Griebel J., Gröblinghoff F., Kuhn T., Schimmel R. (Hrsg.), Rechtsdidaktik. Erreichtes – Misslungenes – Zukünftiges, Baden-Baden 2023, 249

Gries-Redeker S., Von der Notwendigkeit der Reform der Juristenausbildung, AnwBl 2020, 544

Griesbacher E.-M., Griesbacher M., Grenzgänge der Rechtsdidaktik zwischen universitärem Studium und Arbeitsmarkt, in: Warto P., Zumbach J., Lagodny O., Astleitner H. (Hrsg.), Rechtsdidaktik – Pflicht oder Kür?, Baden-Baden 2017, 111

Griller S., Stöggl M., Multiple Choice als Prüfungsform bei rechtswissenschaftlichen Fachprüfungen, ZDRW 2018, 148

Gröblinghoff F., Das Referendariat gestern und morgen. Die praktische Juristenausbildung zwischen Berlin und Bologna, AL 2013, 309

Gröblinghoff F., Einige Gedanken zur Rechtsdidaktik, in: Griebel J., Gröblinghoff F., Kuhn T., Schimmel R. (Hrsg.), Rechtsdidaktik. Erreichtes – Misslungenes – Zukünftiges, Baden-Baden 2023, 49

Groh G., Anforderungen und Lösungen für ein E-Exam, in: Beurskens M., Kramer U., Kuhn T., Putzke H. (Hrsg.), Juristenausbildung 4.0, Stuttgart 2021, 70

Groot G.-R. de, Schneider H., Juristenausbildung in Europa am Vorabend des 21. Jahrhunderts, in: Gübner U., Ebke W. F. (Hrsg.), Festschrift für Bernhard Großfeld zum 65. Geburtstag, Heidelberg 1999, 307

Groß M., Mehr Mut zum Exemplarischen, in: Hof H., Götz von Olenhusen P. (Hrsg.), Rechtsgestaltung – Rechtskritik – Konkurrenz von Rechtsordnungen ... Neue Akzente in der Juristenausbildung, Baden-Baden 2012, 523

Groß T., Legal clinics: praxisbezogenes Lernen im juristischen Studium, in: Brockmann J., Dietrich J. H., Pilniok A. (Hrsg.), Exzellente Lehre im juristischen Studium. Auf dem Weg zu einer rechtswissenschaftlichen Fachdidaktik, Baden-Baden 2011, 127

Großfeld B., Das Elend des Jurastudiums, JZ 1986, 357

Großfeld B., Rechtsausbildung und Rechtskontrolle, NJW 1989, 875

Großfeld B., Thesen zur Ausbildungsreform, RuP 1990, 86

Großfeld B., Examensvorbereitung und Jurisprudenz, JZ 1992, 22

Großfeld B., Europäisches Recht und Rechtsstudium, JuS 1993, 710. (auch ab-gedruckt in B. Großfeld, Der Zauber des Rechts, Tübingen 1999, 282)

Großfeld B., International Rechnung legen: Über Unternehmen, Rechtskultur und Jurastudium, ZEuP 1998, 419. (auch abgedruckt in B. Großfeld, Zauber des Rechts, Tübingen 1999, 56)

Großfeld B., Jurastudium heute – und morgen?, BB 1998, 1755

Großfeld B., Die Augen der Studenten: Jurastudium zwischen Lokalisierung und Globalisierung, in: Mansel H. P. u.a. (Hrsg.), Festschrift für E. Jayme, München 2004, Bd. II, 1103

Großkopf V., Die Rechtslage bzgl. freiheitsentziehender Maßnahmen in der Pflege – ein Filmprojekt, in: Bergmans B. (Hrsg.), Jahrbuch der Rechtsdidaktik/Yearbook of Legal Education 2017, Berlin 2018, 107

Groth K., Reform als Prozeß – die Diskussion um die Bremer Juristenausbildung bis zur Universitätseröffnung, KJ 1972, 63

Gruber J., Auslandsrechtliche und fremdsprachliche rechtswissenschaftliche Veranstaltungen: Theoretische Überlegungen und praktische Erfahrungen, ZDRW 2020, 32

Grundmann S., Ein doppeltes Plädoyer für internationale Öffnung und stärker vernetzte Interdiziplinarität, JZ 2013, 693

Grundmann S., Ökonomisches Denken und etwas angloamerikanischer Elan in der Juristenausbildung – ein Hallenser Modell des Doppelstudiums, NJW 1998, 2329

Grünstäudl G., Rebhan-Glück I., Spitra S., Vom Leitbild zur Umsetzung: Rechtswissenschaftliche Fachdidaktik in Anwendungsbeispielen, ZDRW 2016, 162

Gruschka A., Was bedeutet es, das Verstehen zu lehren?, in: Bleckmann F. (Hrsg.), Selbstlernkompetenzen im Jurastudium. Bedeutung – Praxis – Perspektiven, Stuttgart 2015, 65

Guckes U., Revolutioniert der Bologna-Prozess die Juristenausbildung? An Modellen zur Umsetzung mangelt es nicht, AnwBl 2008, 670

Güldemund G., Keller N., Schillinger U., Veltjens-Rösch C., Reformdebatten in der Dauerschleife? Juristenausbildung als Denkort kritischer Reflexion, KritV 2012, 230

Günther S., Mägdefrau J., Rechtswissenschaften – ein schwieriger Fall für die Allgemeine Hochschuldidaktik?, in: Kramer U., Kuhn T., Putzke H. (Hrsg.), Was muss Juristenausbildung heute leisten?, Stuttgart 2019, 48

Günther S., Kramer U., Kuhn T., Das „Zertifikat Juristische Didaktik (Universität Passau)“, in: Bergmans B. (Hrsg.), Jahrbuch der Rechtsdidaktik/Yearbook of Legal Education 2015, Berlin 2016, 107

Gündüz E., Mini-Moot-Court als Lernmethode?, ZDRW 2018, 267

Gundel J., Le cas allemand: l’Examen d’Etat comme obstacle à la dénationalisation de l’enseignement du droit, in: Ponthoreau M.-C. (dir.), La dénationalisation de l’enseignement juridique, Institut Universitaire Varenne 2016, 25

Gusy C., Aus der Geschichte lernen: NS-Unrecht im Jurastudium – Einige Vorüberlegungen und 10 Thesen, ZDRW 2019, 1

Gutachten über die juristische Ausbildung unter besonderer Berücksichtigung der Interessen der Verwaltung, Der Ständigen Konferenz der Innenminister und dem Bundesminister des Innern erstattet auf Grund des Auftrags vom 14./15. Juni 1961, Köln/Berlin 1965 (Loschelder Gutachten)

Gutmann J., Der Holzkopf des Phädrus – Perspektiven der Grundlagenfächer, JZ 2013, 697

Gutmann J., Interdisziplinarität und Internationalität als Herausforderung in der Lehre: Blended Learning im European Masterin Law & Economics, ZDRW 2020, 170

Gütz C., Urbanek P., Herausforderungen für das rechtswissenschaftliche Studium aus Sicht der Studierenden, in: Brockmann J., Pilniok A. (Hrsg.), Prüfen in der Rechtswissenschaft – Probleme, Praxis und Perspektiven, Baden-Baden 2013, 177

Haag F., Juristenausbildung als Gesetzgebungsexperiment. Zur Entstehung, Struktur und Verwertung von Begleitforschung, in: Hassemer W., Hoffmann-Riem W., Limbach J. (Hrsg.), Juristenausbildung zwischen Experiment und Tradition, Baden-Baden 1986, 11

Haag F., Perspektiven einer Reform der Juristenausbildung, in: Giehring H., Haag F., Hoffmann-Riem W., Ott C. (Hrsg.), Juristenausbildung – neu überdacht. Erfahrungen aus der einstufigen Juristenausbildung als Grundlage für eine weiterhin anstehende Reform, Baden-Baden 1990, 8

Haak D., Die von der Bundesregierung geplante Neuordnung der Juristenausbildung ein Jahrhundertwerk?, ZRP 1984, 113

Häberle P., Juristische Ausbildungszeitschriften in Europa, ZEuP 2000, 263

Häberle P., Pädagogische Briefe an einen jungen Verfassungsjuristen, Tübingen 2010

Hachem P., Rechtsvergleichung zwischen Wissenschaftlichkeit und Praxisorientierung des Ius-Studiums in der Anwaltstätigkeit, in: Brockmann J., Pilniok A., Schmidt M. (Hrsg.), Rechtsvergleichung als didaktische Herausforderung, Tübingen 2020, 75

Hackbarth-Vogt N., Juristenausbildung, in: Justizministerium NRW (Hrsg.), 60 Jahre Justizministerium Nordrhein-Westfalen, Düsseldorf 2010, 171

Hackl V., Braun C., Großkopf S., u.a., KI-Feedback in der Rechtslehre: Eine explorative Studie zur Wahrnehmung und Bewertung durch Studierende, ZDRW 2024, 320

Hadding W., „Verkürzung und Straffung der Juristenausbildung" aus der Sicht eines Universitätslehrers, NJW 1990, 1873

Haferkamp H.-P., Zur Zukunft der zivilrechtswissenschaftlichen Lehre, JZ 2022, 1050

Haft F., Einführung in das juristische Lernen, 6. Aufl., Bielefeld/Berlin 1997

Haft F., Das juristische Lernen – Mängel des gegenwärtigen Systems und Verbesserungsmöglichkeiten JA 1989, 291

Haft F., Das Internet in der Juristenausbildung, Jura 1998, 625

Haft F., IT-gestütztes Lernen, in: Griebel J., Gröblinghoff F. (Hrsg.), Von der juristischen Lehre. Erfahrungen und Denkanstöße, Baden-Baden 2012, 117

Haft F., Die IT-gestützte Korrektur von juristischen Klausuren, in: Bergmans B. (Hrsg.), Jahrbuch der Rechtsdidaktik/Yearbook of Legal Education 2016, Berlin 2017, 117

Haft F., Kulow A.-C., Lernen mit dem Kopf – Trainieren mit dem Computer, Stuttgart 2007

Hahn B., Lütjerodt N., Rech A., Lehren in der Juristischen Fakultät – kompetent von Anfang an, ZDRW 2022, 167

Hähnchen S., Herausforderung Rechtsgeschichte, ZDRW 2019, 224

Hamann H., Juristische Eselsbrücken – Anregungen zum Einsatz der Mnemotechnik im Rechtsstudium, StudZR 2010, 125

Hamann H., Gedächtniskunst in der Rechtsdidaktik, ZDRW 2016, 116

Hamann H., Empirische Erkenntnisse in juristischen Ausbildungsarbeiten. Prüfungsschema, Zitier- und Arbeitshilfen für das Jurastudium und danach, JURA 2017, 759

Hamann H., Evidenzbasierte Examensvorbereitung. Zivilrechtliche Lösungsskizzen „auf Distanz" gelesen, Zeitschrift für das Juristische Studium 2020, 507

Hamann H., Warum noch zurück in den Hörsaal?, in: Bergmans B. (Hrsg.), Jahrbuch der Rechtsdidaktik/Yearbook of Legal Education 2020/2021, Berlin 2022, 155

Hamann H., Strukturierende Rechtslehre als juristische Sprachtheorie, Felder E., Vogel F. (Hrsg.), Handbuch Sprache im Recht, Berlin 2017, 175

Hamann H., Weyhofen S., Der Lehrbuchdschungel im Schuldrecht: Eine Durchforstung am Beispiel der GoA, ZJS 2024, 902

Hamburg I., The BRIGHT@EU-project on non-academic basic legal training for young professionals, in: Bergmans B. (Hrsg.), Jahrbuch der Rechtsdidaktik/Yearbook of Legal Education 2018/2019, Berlin 2020, 75

Hamburger Initiative zur Reform der Juristenausbildung, Stärkung der Grundlagen und Methoden in der Juristenausbildung, ZRP 2016, 206

Hanau P., Zur Realisierbarkeit der „Vorschläge für eine realisierbare Reform des juristischen Studiums an der Universität Mainz“, JZ 1965, 246

Hanke U., Paal B., Selbstlernkompetenzen fördern in Fachveranstaltungen, in: Bleckmann F. (Hrsg.), Selbstlernkompetenzen im Jurastudium. Bedeutung – Praxis – Perspektiven, Stuttgart 2015, 203

Hannemann J.-G. A., Dietlein G., Studentische Rechtsberatung und Clinical Legal Education in Deutschland, Berlin 2016

Hannemann J.-G. A., Mertes P., Praktische Jurisprudenz – Ein Fünf-Punkte-Plan zur Ergänzung des akademischen Curriculums, Zeitschrift für praktische Rechtswissenschaft 2014, 149

Hannemann J.-G. A., Moot Courts – Eine kritische Auseinandersetzung, in: Bergmans B. (Hrsg.), Jahrbuch der Rechtsdidaktik/Yearbook of Legal Education 2016, Berlin 2017, 285

Hannemann J.-G. A., Die Entwicklung der praktischen Jurisprudenz in Deutschland, in: Astleitner H., Deibl I., Lagodny O., Warto P., Zumbach J. (Hrsg.), Rechtsdidaktik zwischen Theorie und Praxis, Baden-Baden 2019, 254

Hansen M., Möglichkeiten des Einsatzes von Concept-Maps zum juristischen Lernen, JurPC Web-Dok. 103/1998, Abs. 1–16, www.jurpc.de/aufsatz/19980103.htm, DOI 10.7328/jurpcb/1998137101

Happ R., Antomo J., Lang F., Wie gut kann das Leseverstehen die Note in der Klausur Wirtschaftsrecht bei Studierenden der Wirtschaftswissenschaften vorhersagen?, ZDRW 2020, 245

Hardwig W., Die methodologische Bedeutung von Rechtsfällen für die Behandlung rechtswissenschaftlicher Probleme, JuS 1967, 49

Harms W., Juristenschwemme – Prognosen und Fehlprognosen, AnwBl 1984, 113

Hart D., Der Regierungsentwurf als Verwirklichung der Reformpostulate?, Haug U. (Hrsg.), Juristenausbildung 1984. Modelle und Gegenmodelle, Köln 1984, 22

Hart D., Die einstufige Juristenausbildung an der Universität Bremen, RuP 1979, 21

Hart D., Perspektiven der Reform der Juristenausbildung. Ihre Chancen und Grenzen nach den jüngsten Vorschlägen, ZRP 1984, 25

Hart D., Überlegungen zur Vereinheitlichung der Juristenausbildung, KJ 1980, 416

Hart D., Zivilrechtliche Ausbildung in der einstufigen Juristenausbildung an der Universität Bremen, JA 1979, 303

Hart D., Zur erneuten Reform der Juristenausbildung, RuP 1990, 220

Hart D., Zur Funktion von Leitbildern für die Juristenausbildung. Eine kritische Verarbeitung neuer Juristenausbildungsmodelle unter dem Aspekt des Einheitsjuristen, in: Evangelischen Akademie Loccum (Hrsg.), Die Reform der Juristenausbildung. Auch unter dem Aspekt der gesamtdeutschen Juristen-ausbildung, Niederschrift der Tagung „Juristen in Deutschland – Anforderungen an eine zukünftige juristische Ausbildung", Bonn 1992, 52

Hartmann F., Die Krise der universitären Juristenausbildung als Krise der Rechtswissenschaft, Hamburger Rechtsnotizen 1/2015, 4

Hartmann N., Praxisbeispiel: Integrierte Lehrveranstaltung „ABbVR" für Public Manager, in: Astleitner H., Deibl I., Lagodny O., Warto P., Zumbach J. (Hrsg.), Rechtsdidaktik zwischen Theorie und Praxis, Baden-Baden 2019, 76

Hartmann N., Einsatz von visuellen Mitteln im Bereich von rechtswissenschaftlichen Fächern: Ein Praxisbeispiel, in: Warto P., Deibl I., Lagodny O., Astleitner H., Zumbach J., Rechtsdidaktik. Vom Selbstverständnis einer neuen Disziplin, Wien 2021, 153

Hartwig T. J., Der Dipl.-Wirtschaftsjurist in der Insolvenzverwaltung, ZInsO 2004, 1300

Hartz N. von, Streiter F., Mündliche Prüfung und Aktenvortrag im Assessorexamen, JuS 2001, 790

Hassemer W., Juristische Argumentationstheorie und juristische Didaktik, in: Albert H. u. a. (Hrsg.), Rechtstheorie als Grundlagenwissenschaft der Rechtswissenschaft (Jahrbuch für Rechtssoziologie und Rechtstheorie Bd. 2), Düsseldorf 1972, 467

Hassemer W., Akademische Freiheit oder Studentenbeglückung? Zum Kampf um die Juristenausbildung, Jura 1984, 278

Hassemer W., Zum Stand der Ausbildungsdiskussion, in: Evangelischen Akademie Loccum (Hrsg.), Die Reform der Juristenausbildung. Auch unter dem Aspekt der gesamtdeutschen Juristenausbildung, Niederschrift der Tagung „Juristen in Deutschland – Anforderungen an eine zukünftige juristische Ausbildung", Bonn 1992, 9

Hassemer W., „Wie bei einem Karussell" – Zur Debatte um die Reform Juristenausbildung, Arzt G. u. a. (Hrsg.), Festschrift für J. Baumann zum 70. Geburtstag, Bielefeld 1992, 603

Hassemer W., Hoffmann-Riem W., Limbach J. (Hrsg.), Juristenausbildung zwischen Experiment und Tradition, Baden-Baden 1986

Hassemer W., Kübler F., Welche Maßnahmen empfehlen sich – auch im Hinblick auf den Wettbewerb zwischen Juristen aus den EG-Staaten – zur Verkürzung und Straffung der Juristenausbildung?, Gutachten E für den 58. Dt. Juristentag, Verhandlungen des 58. Dt. Juristentages, Bd. 1, München 1990

Hattenhauer H., Einheit des Juristenstandes und Einheit der Rechtsordnung, ZRP 1997, 234

Hattenhauer H., Juristenausbildung – Geschichte und Probleme, JuS 1989, 513

Haug U., Die Mängel der traditionellen Juristenausbildung und die zentralen Reformpostulate, in: Ders. (Hrsg.), Juristenausbildung 1984. Modelle und Gegenmodelle, Köln 1984, 9

Hauser P., Wendenburg F., Das (obere) Ende der Notenskala – Plädoyer für eine Reform des juristischen Benotungswesens, ZRP 2011, 18, mit Entgegnungen von Sagmeier, ZRP 2011, 123, Kröpil, ZRP 2011, 187 und Fürst, ZRP 2011, 188

Häusermann D. M., Bauhaus - Vorbild für die Juristenausbildung?, ZSchR 2016, 225

Haverkate G., Forum: Anwaltsorientierte Juristenausbildung, JuS 1996, 478

Heckelmann M., Ammerl L., Constructive Alignment durch Prüfungsvielfalt und Peer Reviews, ZDRW 2024, 258

Heckmann D., Vogler B., Bewertungsgrundsätze für eine ‚studienbegleitende Zwischenprüfung', JZ 1998, 637

Heetkamp S. J., Brachtendorf M., Virtueller Gerichtssaal mit KI-gestützten Zeugen, ZDRW 2024, 285

Hefendehl R., Ein Wolf im Schafspelz? Ein ganzes Wolfsrudel!, Herrschaftsstabilisierung über Strafrecht und juristische Ausbildung, KJ 2016, 577

Hefendehl R., Die spezifischen Herausforderungen der strafrechtlichen Lehre, ZDRW 2017, 245

Hefendehl R., Jurcoach – oder der Versuch, Lehre und Lehrprojekt Hand in Hand zu dynamisieren, in: Bergmans B. (Hrsg.), Jahrbuch der Rechtsdidaktik/Yearbook of Legal Education 2017, Berlin 2018, 85

Hefendehl R., Zurück in die Krise – Erkenntnisse, Mutmaßungen und Auswege, ZDRW 2021, 193

Hefendehl R., Bach J., Die erzwungene Digitalisierung: Daten und Deutungen, ZDRW 2021, 1

Heidebach M., Prüfen im rechtswissenschaftlichen Studium: Die Korrektur juristischer Hausarbeiten anhand eines verbindlichen Bewertungseinheiten-Systems, ZDRW 2015, 205

Heidebach M., Das Potenzial der Fallbasierten Methode, ZDRW 2018, 297

Heidebach M., Didaktik der Examensvorbereitung, in: Krüper J. (Hrsg.), Rechtswissenschaft lehren. Handbuch der juristischen Fachdidaktik, Tübingen 2022, § 45

Heimann H. M., Rechtswissenschaftlicher Unterricht an Fachhochschulen: Verschulte Rechtskunde oder wissenschaftliche Rechtslehre?, ZDRW 2014, 93

Hein L., Schlüsselqualifikationen als verschlüsselte Qualifikationen in der Juristenausbildung/-prüfung? Ein Versuch der Entschlüsselung, in: Fischer D. (Hrsg.), Transformation des Rechts in Ost und West – Festschrift für H. Roggemann, Berlin 2006, 591

Hein L., Schröder O., Das Ganze ist mehr als die Summe seiner Teile, NVwZ 2018, 302

Heinke J. A. u.a., Rückblick und weitere Perspektiven aus studentischer Sicht, in: Hof H., Götz von Olenhusen P. (Hrsg.), Rechtsgestaltung – Rechtskritik – Konkurrenz von Rechtsordnungen … Neue Akzente in der Juristenausbildung, Baden-Baden 2012, 536

Heintzen M., Das Berufsethos von Juristen als Thema der Juristenausbildung, in: Nettersheim G. J., Kiesel D. (Hrsg.), Das Bundesministerium der Justiz und die NS-Vergangenheit. Bewertungen und Perspektiven, Göttingen 2021, 275

Heinz M., Rechtsdidaktik in der Verwaltungsausbildung, VR 1981, 383

Heiser L.-B., Beckemper K., Grünberger M., Hamburger Protokoll – ein Plädoyer für ein reformfähiges Staatsexamen, NJW 2024, 1009

Heiss H., Modularisierung als Königsweg? – Zur Konkurrenz von Staatsexamen und Bachelor am Beispiel der Juristenausbildung an der Ernst-Moritz-Arndt-Universität Greifswald, in: Münch J. (Hrsg.), Die neue Juristenausbildung – Chancen, Perspektiven und Risiken, Stuttgart 2003, 55

Heldrich A., Das Trojanische Pferd in der Zitadelle des Rechts? Überlegungen zur Einbeziehung der Sozialwissenschaften in die juristische Ausbildung, JuS 1974, 281

Hellgardt A., Die universitäre Rechtslehre und die Dichotomie von Öffentlichem Recht und Privatrecht, ZDRW 2020, 199

Hellwig H.-J., The Role of Law Schools in Continuing Legal Education (CLE) "Law Schools Facing the Challenge of CLE. The German Perspective", European Journal of Legal Education vol. 5(1) (2009), 23

Hemler A., ChatGPT als Hilfsmittel in der juristischen Klausur – ein Experiment, ZDRW 2023, 473

Hemler A., Krukenberg M., iur.reform – Es ist Zeit für eine neue juristische Ausbildung. Reformbedarfe, erste Erkenntnisse und Aufruf zu einem Loccum 2.0, ZDRW 2023, 1

Henking T., Maurer A., Mock Trials. Prozesssimulationen als Lehrveranstaltung, Baden-Baden 2013

Hensen H. D., Kramer W., Welche Maßnahmen empfehlen sich – auch in Hinblick auf den Wettbewerb zwischen Juristen aus den EG-Staaten – zur Verkürzung und Straffung der Juristenausbildung?, Verhandlungen des Achtundfünfzigsten Dt.

Juristentages. München 1990, hrsg. von der ständigen Deputation des Deutschen Juristentages, Band I, München 1990, F 1

Henze R., Bildmedien im juristischen Unterricht, Berlin 2003 (zugl. Diss. Bochum 2003)

Heppner C., Wienfort N., Härtel S., Die mündliche Prüfung in den juristischen Staatsexamina – eine Blackbox mit Diskriminierungspotential, ZDRW 2022, 23

Herberger M., „Lernraum Internet – Angebote zur Juristenausbildung im Internet, NJW 1998, 2882

Herberger M., Das juristische Online-Repetitorium „ejura-Examensexpress", JurPC Web-Dok. 118/2009, Abs. 1–44, http://www.jurpc.de/aufsatz/20090118.htm, DOI 10.7328/jurpcb/200924610

Hermann D., Stroezel H., Tag B., Die Juristenausbildung an der Uni Heidelberg – Ergebnisse einer Befragung von Examenskandidatinnen und Examenskandidaten, JuS 1997, 476.

Hermann D., Tag B., Das Heidelberger Studienzeitverkürzungsprogramm: Konzeption und Evaluation, in: Hermann D., Tag B. (Bearb.), Die universitäre Juristenausbildung. Empirische und theoretische Analysen zur Studiendauer und Studienleistung, Bonn 1995, 1

Hermann D., Tag B., Die Verkürzung der Studiendauer – eine empirische Untersuchung am Beispiel der Rechtswissenschaft, Jura 1992, 1

Hermann D., Hillenkamp T., Tag B., Studienorientierung und Studienerfolg – Die Vorbereitung auf das Erste juristische Staatsexamen, JuS 1991, 789

Herr R., Fortschritte auf dem Weg zur Vereinheitlichung der Juristenausbildung, DRiZ 1981, 339

Herr R., Gegenreformation in der Juristenausbildung, DRiZ 1982, 105

Herr R., Die Verbesserung der Ausbildung und Fortbildung der Richter und Staatsanwälte als verbandspolitisches Ziel des DRB, insbesondere das DRB-Modell zur Reform der Juristenausbildung, DRiZ 1984, 152

Herr R., Für eine juristische Zwischenprüfung – eine Entgegnung, DRiZ 1984, 236

Herrmann C., Schwerpunktbereich – Vorteile, Nachteile und Reformperspektiven, in: Kramer U., Kuhn T., Putzke H. (Hrsg.), Schwerpunkte im Jurastudium, Stuttgart 2015, 50

Herrmann S., Pautsch A., Rahmenvorgaben zur Einführung juristischer Bachelor- und Masterstudiengänge – Empfehlungen des BLK-Projekts; Positionen und Überlegungen zur Umstellung des juristischen Studiums auf Bachelor- und Master-Studiengänge, in: Fischer G., Wünsch T. (Hrsg.), Der Bologna-Prozess an den juristischen Fakultäten, Baden-Baden 2006, 17

Herzberg R. D., Das Elend des Referendarexamens?, JuS 1988, 239

Herzberg R. D., Ipsen K., Schreiber K. (Hrsg.), Effizient studieren: Rechtswissenschaften, Wiesbaden 1999

Herzberg R. D., Schlußwort zum Elend des Referendarexamens, JuS 1988, 749

Herzig M., Reform der Juristenausbildung und kein Ende, AnwBl 1982, 163

Hesse H. A., Über den Stillstand der Debatte zur Reform der Juristenausbildung, JZ 1977, 49

Hesse H. A., Über die Rolle des Gefühls im Beruf und in der Ausbildung, Mitteilungen aus der Arbeitsmarkt- und Berufsforschung (MittAB) 3/81, 180, Wiederabdruck in in: Bergmans B. (Hrsg.), Jahrbuch der Rechtsdidaktik/Yearbook of Legal Education 2018/2019, Berlin 2020, 55

Hesse H. A., Die Relevanz der Soziologie May Webers für die juristische Praxis und Juristenausbildung, Zeitschrift für Vergleichende Rechtswissenschaft 82 (1983), 242

Hesse H. A., Über den Beitrag der Juristenausbildung zur Kultivierung juristischer Praxis, in: Festschrift für R. Wassermann zum 60. Geburtstag, Neuwied 1985, 565

Hesse H. A., Studium und Studienreform: Was wir wissen, was wir nicht wissen, was wir wissen müssten, ehe wieder einmal ‚reformiert' wird, JuS 1990, 597

Hesse H. A., Gegen die Verkürzung der Juristenausbildung, KJ 1991, 83

Hesse H. A., Juristenausbildung im Reich der Fiktionen, JZ 1991, 129

Hesse H. A., Juristenausbildungsreform und kein Ende, ZRP 1995, 401

Hesse H. A., Juristenausbildung in Deutschland, ZRP 1997, 367

Hesse H. A., „Erneuerung tut not" – aber wie?, in Salje P. (Hrsg.), Recht – Rechtstatsachen – Technik. Festschrift für Helmut Pieper, Hamburg 1998, 207

Hesse H. A., Erbarmen mit den Studenten?, JZ 2000, 299

Hesse H. A., Über die Eignung des Studiums der Rechtswissenschaft zur beruflichen Qualifizierung, AnwBl 2000, 325

Hesse H. A., Die Reform des Jura-Studiums als Politik seiner Mechanisierung, JZ 2002, 704

Hesse H. A., Vom wuchernden Prüfungsunwesen im Studium der Rechtswissenschaft, ZRP 2002, 232

Hesse H. A., Schicketanz I., Anfänger-Übungen oder gleichwertige Leistungskontrollen: eine problematische Alternative, JuS 2000, 1239

Hesse H. A., Schicketanz I., Leistungskontrollen in der Eingangsphase des Studiums der Rechtswissenschaft: aktualisierte Übersicht, JuS 2002, 305

Hessel S., Ein Plädoyer für e-Klausuren im Jurastudium, JurPC Web-Dok. 203/2015, DOI 10.7328/jurpcb20153012196 oder www.jurpc.de

Heublein U., Hutzsch C., Kracke N., Schneider C., Die Ursachen des Studienabbruchs in den Studiengängen des Staatsexamens Jura. Eine Analyse auf Basis einer Befragung der Exmatrikulierten vom Sommersemester 2014, DZHW-Projektbericht, Hannover 2017 (www. dzhw.eu), Fazit abgedruckt in: Bergmans B. (Hrsg.),

Jahrbuch der Rechtsdidaktik/Yearbook of Legal Education 2018/2019, Berlin 2020, 11

Heups A., Woher kommt die Didaktik des Rechts? Einige Bemerkungen zur Geschichte der Rechtslehre, in: Griebel J., Gröblinghoff F. (Hrsg.), Von der juristischen Lehre. Erfahrungen und Denkanstöße, Baden-Baden 2012, 9

Heuschling L., Eine global ausgerichtete Juristengrundausbildung für alle: Der Jura-Bachelor der Universität Luxemburg, in: Bergmans B. (Hrsg.), Jahrbuch der Rechtsdidaktik/Yearbook of Legal Education 2018/2019, Berlin 2020, 297

Hilb L., Die Refugee Law Clinic Gießen, Zeitschrift für praktische Rechtswissenschaft 2014, 122

Hildebrand T., Fraglich ist, ob und wie der Gutachtenstil lehrbar ist. – Eine Antwort aus der Praxis, in: J. Brockmann, A. Pilniok (Hrsg.), Recht sprechen lernen. Sprache im juristischen Studium, Baden-Baden 2016, 41

Hildinger M. A., Das Lernprogramm ELAN-REF in der juristischen Ausbildung des Landes Baden-Württemberg, JurPC Web-Dok. 140/2013, Abs. 1–45, www.jurpc.de, DOI 10.7328/jurpcb2013288136

Hilgendorf E., Juristische Ausbildung und neue Medien, JZ 2005, 365

Hilgendorf E., Computergestützte Lehre im Recht: Entwicklungsstand und Aussichten des E-learning in der deutschen Juristenausbildung, in: Brockmann J., Dietrich J. H., Pilniok A. (Hrsg.), Exzellente Lehre im juristischen Studium. Auf dem Weg zu einer rechtswissenschaftlichen Fachdidaktik, Baden-Baden 2011, 171

Hilgendorf E., Die juristischen Fakultäten in Deutschland und die jüngsten Universitätsreformen: Skeptische Anmerkungen zu Bologna, Exzellenzinitiative und der Ökonomisierung der Universitäten, in: Hilgendorf E. (Hrsg.), Subsidiarität – Sicherheit – Solidarität. Festgabe für F.-L. Knemeyer zum 75. Geburtstag, Würzburg 2012, 559

Hilgendorf E., Zur Krise der juristischen Grundlagenfächer – am Beispiel der Rechtsphilosophie, in: Böse M., Schumann K. H., Toepel F. (Hrsg.), Festschrift für U. Kindhäuser, Baden-Baden 2019, 193

Hill H., Recht neu denken – von Auslegung und Anwendung zu Konstruktion und Design, JZ 2024, 981

Hillgruber C., Perspektiven der Rechtswissenschaft in Deutschland: Mehr Rechtswissenschaften wagen!, JZ 2013, 700

Hinrichs F., Einführung in die Rechtsimplementationslehre – mit einem Lehrkonzept, VR 2016, 397

Hinz M. O., Gesellschaftliche Orientierung, Prüfstein für die reformierte Juristenausbildung, in: Denninger E. u.a. (Hrsg.), Person und Amt. P. Schneider zum 60. Geburtstag – dem Präsidenten zum Abschied, Mainz 1980, 138

Hinz M. O., Mayer-Tasch P. C., Organischer Stufenplan zur Umgestaltung der Arbeitsgemeinschaften und Anfängerübungen, JZ 1968, 57

Hinz M. O., Mayer-Tasch, P. C., Studienreform als Examensreform, JZ 1968, 125

Hinz T., Röhl H. C., Geschlechterunterschiede in der Ersten juristischen Prüfung. Hypothesen und Befunde, JZ 2018, 874

Hirsch E. E., Gedanken zur Einführung rechtssoziologischer Lehrveranstaltungen in den Rechtsunterricht, JZ 1970, 679

Hirsch E. E., Experimentierklausel. JZ 1971, 286

Hirte H., Mock, S., Die Juristenausbildung in Europa vor dem Hintergrund des Bologna-Prozesses, JuS-Beilage 12/2005, 3

Hobe S., Juristenausbildung im Umbruch. Moot-Courts als Beitrag zur Praxisnähe der Juristenausbildung, in. Hanau P. u. a. (Hrsg.), Gedächtnisschrift für H. Krüger, Berlin 2001, 171

Hobe S., Dauner-Lieb B., Ist die Juristenausbildung in Deutschland zukunftsfähig?, Forschung & Lehre 16.04.2018, https://www.forschung-und-lehre.de/recht/ist-die-juristenausbildung-in-deutschland-zukunftsfaehig-534/

Hobe S., Maraun T., Lehre des internationalen Rechts im deutschsprachigen Raum – Herausforderungen und Entwicklungspotenziale, in: Dies. (Hrsg.), Lehre des internationalen Rechts – zeitgemäß?, Berichte der Dt. Gesellschaft für Internationales Recht Bd. 48, Heidelberg 2017, 11

Hoecke M. van, Konzeptionen der Rechtswissenschaft und Methodologische Bildung, in: Brockmann J., Pilniok A., Trute H.-H., Westermann E. (Hrsg.), Promovieren in der Rechtswissenschaft. Zwischen Individualbetreuung und strukturierten Programmen, Baden-Baden 2015, 59

Hofer S., Haarspalten, Wortklauben, Silbenstechen? 100 Jahre Lehrbücher BGB: Eine Lebensbilanz, JuS 1999, 112

Hofer T., Daubenmerkl M., Tetzner U., Smartphone-Applikationen im juristischen Kontext am Beispiel des iPhone, Jura 2012, 93

Hoffmann M., Die Ausbildung zum internationalen Wirtschaftsjuristen an der Friedrich-Alexander-Universität Erlangen-Nürnberg, JuS 2004, 262

Hoffmann M., Deutsch fürs Jurastudium: In 10 Lektionen zum Erfolg, Paderborn 2014

Hoffmann-Riem W., Rechtswissenschaft als Rechtsanwendungswissenschaft. Lernzielthesen zur Integration von Rechts- und Sozialwissenschaft, in: Ders. (Hrsg.), Sozialwissenschaften im Studium des Rechts, Bd. II, Verfassungs- und Verwaltungsrecht, München 1977, 3

Hoffmann-Riem W., Zum Stand der reformierten Juristenausbildung, RuP 1978, 127

Hoffmann-Riem W., Zur Verwendungstauglichkeit der Sozialwissenschaften für die Juristenausbildung, in: Giehring H., Haag F., Hoffmann-Riem W., Ott C. (Hrsg.), Juristenausbildung – neu überdacht. Erfahrungen aus der einstufigen Juristenausbildung als Grundlage für eine weiterhin anstehende Reform, Baden-Baden 1990, 75

Hoffmann-Riem W., Forum – Neue Perspektiven der Juristenausbildung – Die Einheitsausbildung als Fixpunkt?, JuS 1997, 208, 497 und JuS 1998, 106

Hoffmann-Riem W., Aus- und Fortbildung – eine Investition in die Zukunft, in: Ders., Modernisierung von Recht und Justiz, Frankfurt 2000, 327

Hoffmann-Riem W., Der Einheitsjurist – eine Selbsttäuschung deutscher Juristen, in: Ders., Modernisierung von Recht und Justiz, Frankfurt 2000, 338

Hoffmann-Riem W., Wettbewerb – auch in der Juristenausbildung, in: Ders., Modernisierung von Recht und Justiz, Frankfurt 2000, 347

Hoffmann-Riem W., Modernisierung der Rechtswissenschaft als fortwährende Aufgabe. Impulse aus der einstufigen Juristenausbildung, in: Mehde V., Ramsauer U., Seckelmann M. (Hrsg.), Staat, Verwaltung, Information: Festschrift für H. P. Bull zum 75. Geburtstag, Berlin 2011, 157

Hoffmann-Riem W., Eine Episode: Einstufige Juristenausbildung in Hamburg, in: Repgen N., Jeßberger F., Kotzur M. (Hrsg.), 100 Jahre Rechtswissenschaft an der Universität Hamburg, Tübingen 2019, 457

Hoffmann-Riem W., Thieme W., Die beiden juristischen Fachbereiche an der Universität Hamburg, in: Albers J. (Hrsg.), Recht und Juristen in Hamburg, Köln u. a. 1994, 283

Hoffmann-Riem W., Willand A., Forum: Neue Perspektiven der Juristenausbildung, Teil I-III, JuS 1997, 208 und 497, 1998, 106

Hohenadel D., Probleme der Evaluation von Reformstudiengängen unter Bezugnahme auf die einphasige Juristenausbildung, RuP 1977, 46

Höhler S., Studienpraxis: Der Wirtschaftsjurist Bayreuther Prägung, AL 2006, 106

Hohmeister F., Wirtschaftsrecht an Fachhochschulen, JA 1997, 432

Hohn K., Wissenschaftliche Ausbildung an der Bucerius Law School – Ein Erfahrungsbericht, JuS 2003, 305

Höhne M., Audience Response Systems in Lehrveranstaltungen: Unmittelbare Erkenntnis bei Abstimmungen mithilfe mobiler Endgeräte, ZDRW 2015, 297

Hoke R., Zur Ausbildung für den Höheren Verwaltungsdienst, DVBl 1962, 425

Hollerbach A., Juristische Forschung und Lehre in Mannheim, JZ 1968, 174

Holzer F., Visualisieren im rechtswissenschaftlichen Studium, in: Brockmann J., Dietrich J. H., Pilniok A. (Hrsg.), Exzellente Lehre im juristischen Studium. Auf dem Weg zu einer rechtswissenschaftlichen Fachdidaktik, Baden-Baden 2011, 155

Holzheid H., Im Leitbild der Einheit der Rechtsordnung – Volljuristen im Dienst der Justiz, in: Blomeyer W. (Hrsg.), Die Juristenausbildung aus der Sicht der Praxis, Fünf Vorträge. Atzelsberger Gespräche 1993, Erlangen 1994, 21

Hommelhoff P., Zur Umsetzung der Juristenausbildungsreform 2003 auf Länderebene, in: Marotzke W. (Hrsg.), Gesetz – Recht – Rechtsgeschichte. Festschrift für G. Otte, München 2005, 123

Hommelhoff P., Teichmann C., Modernisierung in Kontinuität: Die Revolution der Juristenausbildung, JuS 2001, 841

Hommelhoff P., Teichmann C., Das Jurastudium nach der Ausbildungsreform, JuS 2002, 839

Hommerich C., Die Dauer der Juristenausbildung: Indikator verpasster Reformchancen, in: Hermann D., Tag B. (Bearb.), Die universitäre Juristenausbildung. Empirische und theoretische Analysen zur Studiendauer und Studienleistung, Bonn 1995, 56

Hommerich C., Kilian M., Fachanwälte: Probleme beim Erwerb und Nachweis des Theoriewissens, AnwBl 2011, 387

Hommerich C., Kilian M., Fachanwälte: Vielerlei Wege zum Nachweis der theoretischen Kenntnisse, AnwBl 2011, 286

Hommerich C., Kilian M., Fachanwaltsklausuren: Welche Erfahrungen machen Fachanwälte? Empirische Ergebnisse zu den Leistungskontrollen, AnwBl 2011, 485

Hommerich C., Stobbe U., Der Weg in den Anwaltsberuf, ein Berufsstart mit Risiken und Chancen, JuS 1988, 829

Hopt K. J., Simulation und Planspiel in Recht und Gesetzgebung, DVR 1972/1973, 1

Hornung R., Didaktik der Juristenausbildung unter Berücksichtigung angrenzender Fachgebiete. Rechtsvergleichendes Plädoyer für eine verstärkte Berücksichtigung allgemeinkultureller und psychologischer Aspekte in der deutschen Juristenausbildung, in: Hof H., Götz von Olenhusen P. (Hrsg.), Rechtsgestaltung – Rechtskritik – Konkurrenz von Rechtsordnungen … Neue Akzente in der Juristenausbildung, Baden-Baden 2012, 185

Hötte D. A., Legal transformation – an opportunity for cooperation at an international level, in: Bergmans B. (Hrsg.), Jahrbuch der Rechtsdidaktik/Yearbook of Legal Education 2018/2019, Berlin 2020, 35

Hoven E., Th. D., Kommentare im 1. Staatsexamen: Droht die Noteninflation?, RECHTS|EMPIRIE, 04.12.2023, DOI: 10.25527/re.2023.20.

Hromadka W., Diplom-Wirtschaftsjurist (univ.): der dritte Zweig der Juristenausbildung, in: Heinrich C. (Hrsg.), Festschrift für H.-J. Musielak zum 70. Geburtstag, München 2004, 253

Hromadka W., Juristische FH-Studiengänge? Pro, Forschung und Lehre Heft 2/2000, 142

Hruschka J., Ranking der Rechts-Fakultäten und Reform der Juristenausbildung: Was können wir von den Amerikanern lernen?, JZ 1996, 161

Huber E. R., Über die Reform des Studiums des öffentlichen Rechts, Der Staat, Bd. 7, 263

Huber P. M., Der ‚Bologna-Prozess‘ und seine Bedeutung für die deutsche Juristenausbildung, European Journal of Legal Education 1 (2004) 2, 35

Huber P. M., Zwischen Konsolidierung und Dauerreform – Das Drama der deutschen Juristenausbildung, ZRP 2007, 188

Huber P. M., Beiträge zu Juristenausbildung und Hochschulrecht, Stuttgart 2010

Huber P. M., Die Entwicklung der Juristenausbildung und der Bologna-Prozess, in: Verein Deutscher Verwaltungsrichter (Hrsg.), 16. Deutscher Verwaltungsgerichtstag, Stuttgart 2011, 133

Huber P., Der Deutsche Juristen-Fakultätentag, in Bayer W., Koch E., Körber T. et al. (Hrsg.), Gründen und Stiften, Festschrift O. Werner, Baden-Baden 2009, 38

Hübner H., Die Einwirkung des Staates auf den Rechtsunterricht, in: Kaser M. u. a. (Hrsg.), Festschrift für W. Felgentroeger zum 70. Geburtstag, Göttingen 1969, 99

Hucke M., Spartenausbildung und die Freiheit des Berufszugangs, AnwBl 2007, 9

Hufeld C., Jede Korrektur eine andere Note: Quantitative Untersuchung der Objektivität juristischer Klausurbewertungen, ZDRW 2024, 59

Hufen F., Der wissenschaftliche Anspruch des Jurastudiums, JuS 2017, 1

Huff M. W., Das juristische Seminar und die Seminararbeit, JuS 1991, 214

Huhn D., Keine Angst: alles bleibt so furchtbar wie es ist, RpflStud 1990, 78

Huhn D., Konfessionen über das Studium der Rechte in Deutschland, in: Rasehorn T. u. a. (Hrsg.), Im Namen des Volkes?, Neuwied/Berlin 1968, 148

Hülbusch B., Rückkoppelungen zwischen Prüfung und Ausbildung, dargestellt am Beispiel von Ausbildungsnoten im großen Staatsexamen, in: Merten D. (Hrsg.), Probleme der Juristenausbildung. Vorträge des 11. Sonderseminars 1978 der Hochschule für Verwaltungswissenschaften Speyer, Berlin 1980, 73

Humbel C., Striving for Excellence in Legal Writing: Ein Werkstattbericht über den Aufbau eines Proseminars zur Förderung juristischer Schreibkompetenz, ZDRW 2024, 159

Husserl G., Bericht über Errichtung, Aufgabe und Arbeitsprogramm der Arbeitsstätte des Arbeitskreises für Fragen der Juristenausbildung, JZ 1956, 634

Husserl G., Reform des deutschen Rechtsstudiums, JZ 1953, 453

Husserl G. u. a., Die Ausbildung der deutschen Juristen. Darstellung, Kritik und Reform, Tübingen 1960 (Denkschrift zur Juristenausbildung des Arbeitskreises für Fragen der Juristenausbildung)

Huster S., Rechtswissenschaft und Interdisziplinarität – Einige Bemerkungen aus der Werkstatt, ZSRSoz. 35 (2015), 143

Hüttemann R., Der spezialisierte Bachelorstudiengang am Beispiel des LL.B. (Wirtschaftsrecht) der Universität Osnabrück, in: Fischer G., Wünsch T. (Hrsg.), Der Bologna-Prozess an den juristischen Fakultäten, Baden-Baden 2006, 55

Ihden T., Statistik vor Gericht – Ein Schlüsselqualifikationskurs für Juristinnen und Juristen, ZDRW 2017, 187

Ihden T., Die Relevanz statistischer Methoden in der Rechtsprechung und mögliche Implikationen für die juristische Ausbildung, Baden-Baden 2018

Ihden T., Recht auf Bilder? Visualisierungen im juristischen Kontext zur Wissensvermittlung und -verarbeitung, ZDRW 2019, 140

Ischdonat J., Die deutsche Juristenausbildung unter dem Einfluss des Bologna-Prozesses. Eine kritische Analyse der aktuellen Reformmodelle, Göttingen 2010

Ising U., Paulicke P., Lucke U., Schulze G., Online-Arbeitsgemeinschaft zum Sachenrecht – Ein Pilotprojekt zur Erprobung von E-Learning in der juristischen Lehre, ZDRW 2018, 166

Isola H., Konservative Front gegen das Bremer Modell einer einstufigen Juristenausbildung, RuP 1973, 68

Jaag T., Bologna-Reform – Auswirkungen auf die juristische Ausbildung und Praxis, SJZ 2007, 565

Jäger C., Die Reform der Juristenausbildung aus strafrechtlicher Sicht, ZDRW 2017, 66

Jäger H., Glosse über Lehrbuchkriminalität, Monatsschrift für Kriminologie und Strafrechtsreform 56 (1973), 300

Jäger V., Speierer J., Individuelle Förderung in Regensburg durch REGINA – Zielgerichtetes und selbstorganisiertes Lernen in der Studieneingangsphase durch „Wahrnehmen – Austauschen – Üben", in: Brockmann J., Pilniok A. (Hrsg.), Studieneingangsphase in der Rechtswissenschaft, Baden-Baden 2014, 408

Jahn J., Unrecht als Lehrstoff, NJW 2022, 19

Jahn M., „Intensiv, hart, erfolgreich". Vom Nutzen und Nachteil des Repetitors für die Rechtswissenschaft, KJ 1994, 391

Jahn M., Meinecke F., Moot Courts im Strafverfahren – Theorie und Praxis, in: Jung S., Momsen C., Saliger F., Schmitt-Leonardy C. (Hrsg.), Strafverfahren und Kommunikationskompetenz, Baden-Baden 2018, 133

Jahn M., Meinecke F., Zur Theorie des Moot Courts im Strafverfahren, ZDRW 2018, 21

Jakobs H. H., Teilprivatisierung der Juristenausbildung: Erwiderung auf Hein Kötz, Bologna als Chance (JZ 2006, 397), JZ 2006, 721

Jauß S. M., Quo vadis, Juristen(aus)bildung? Zu den theoretischen Grundlagen zeitgemäßen Rechtsunterrichts, KritV 2017, 101

Jauß S. M., Shall assessment drive learning? Vom Sinn und Unsinn eines ‚constructive alignment' des universitären Rechtsunterrichts, ZDRW 2018, 189

Jayme E., Das Internationale Privatrecht in der deutschen Juristenausbildung, in: Bernhardt R. (Hrsg.), Das internationale Recht in der Juristenausbildung, Heidelberg 1981, Berichte der Deutschen Gesellschaft für Völkerrecht Bd 21, 39

Jeand'Heur B., Das Studium der Rechtswissenschaften zwischen Effizienzdenken, arbeitsmarktpolitischen Überlegungen und rechtsstaatlichen Anforderungen, JuS 1999, 423

Jeep J., Der Bologna-Prozess als Chance – Warum die Juristenausbildung durch Bachelor und Master noch besser werden kann, NJW 2005, 2283

Jeep J., Bologna: Stärken bewahren, Chancen nutzen, JZ 2006, 459

Jeep J., Mehr Wissenschaft, nicht weniger: wie Bachelor und Master die deutsche Juristenausbildung verbessern: kritische Anmerkungen zu den ablehnenden Beschlüssen der Herbstkonferenz der Justizminister vom 17.11.2005, DRiZ 2006, 14

Jeep J., Der Bologna-Prozess und die deutsche Juristenausbildung, DÖV 2007, 411

Jeep J., Bologna und die Reform der Juristenausbildung: Chancen schaffen und Qualität verbessern mit Bachelor, Master und Staatsexamen, RuP 2007, 131

Jeep J., Die Reform der Juristenausbildung nach dem Koalitionsvertrag 2009. Den Herausforderungen des Bologna-Prozesses erfolgreich begegnen, RuP 2010, 71

Jentsch V., Das Integrationsseminar des Studiengangs „Rechtswissenschaft mit Wirtschaftswissenschaften" an der Universität St.Gallen (HSG), ZDRW 2023, 449

Jerschke H. U., Umbildung der Ausbildung. Die Rolle der Rechtsgestaltung in der neuen Juristenausbildung, DNotZ 2003, 581

Jerschke H. U., Entwicklung und Perspektive der Notarfortbildung, in: Bundesrechtsanwaltskammer Bundesnotarkammer (Hrsg.), Festschrift 50 Jahre Deutsches Anwaltsinstitut e.V., Recklinghausen 2003, 71

Joch C., Moll J., In Zukunft eine Ausbildung aus der Vergangenheit, ZDRW 2021, 183

Joecks W., Guse S., Juristenausbildung: Der Studiengang Bachelor of Laws an der Universität Greifswald, NJ 2002, 568

Joerges C., Das Schwerpunktstudium im Bremer Modell der einstufigen Juristenausbildung, JuS 1977, 133

Joerges C., Die einstufige Juristenausbildung in Bremen, Neues Recht durch neue Richter?, in: Gutjahr-Löser P. (Hrsg.), Der Streit um die Ausbildungsreform der Richter, München/Wien 1975, 45

Joerges C., Die Rolle der Sozialwissenschaften und die Bedeutung des Schwerpunktkonzepts für die Ausbildungsreform. Eine Bilanz aus Bremer Sicht, ZRP 1982, 96

Jordan K., Ist unsere gegenwärtige Referendarausbildung richtig?, JZ 1952, 219 und 555

Jost F., Anwalts- und Notarrecht in der Juristenausbildung?, in: Fritsch-Oppermann S., Oppermann B., Die Ausbildung künftiger Juristen und Juristinnen und die europäische Rechtsharmonisierung, Loccum 2002, 73

Jost F., Ferkel, Anwälte und Mandanten: vom Nutzen der Anwaltshaftung für die Juristenausbildung, Jura 2010, 578

Jost K. M., Mehr Berufspraxis im juristischen Studium?, ZDRW 2014, 230

Jousma J., Praktikumsausbildung im Jurastudium – Wie zeitgemäß ist das JAG, ZDRW 2015, 148

Jung H., Forum, Schlüsselqualifikationen oder warum man den Gesetzgeber ernst nehmen sollte, JuS 2003, 1048

Jung H., Über die Rolle von Literatur und Film in der Methodik und Didaktik der Rechtsvergleichung, GA 2020, 641

Jung S., Schlüsselqualifikationen – Kommunikative Kompetenz für den juristischen Nachwuchs. Über die „Maklerübung" zur Gerichtssimulation für Novizinnen und Novizen, in: Jung S., Momsen C., Saliger F., Schmitt-Leonardy C. (Hrsg.), Strafverfahren und Kommunikationskompetenz. Ein Leitfaden für die universitäre Ausbildung, Baden-Baden 2018, 25

Junge-Ilges P. J. M., Der Wert der Anwaltsstation, AnwBl 1996, 16

Juranek M., Das Recht für Pädagoginnen und Pädagogen: Fachdidaktische Überlegungen für Aus- und Fortbildungsveranstaltungen im Schulrecht, in: Warto P., Deibl I., Lagodny O., Astleitner H., Zumbach J., Rechtsdidaktik. Vom Selbstverständnis einer neuen Disziplin, Wien 2021, 89

Justizministerium NRW, Handbuch der Juristenausbildung, 4. Aufl., Düsseldorf 2001, unter www.jm.nrw.de/JM/landesjustizpruefungsamt/ausbildung/pdf/handbuch.pdf

Justizministerkonferenz, Bericht des Ausschusses zur Koordinierung der Juristenausbildung über die Auswirkungen des Gesetzes zur Reform der Juristenausbildung (Januar 2007 bis Oktober 2010), Stand 30. März 2011, www.justiz.nrw.de/JM/justizpolitik/schwerpunkte/juristenausbildung/evaluation/index.php

Justizministerkonferenz, Bericht des Ausschusses zur Koordinierung der Juristenausbildung über Möglichkeiten und Konsequenzen einer Bachelor-Master-Struktur anhand unterschiedlicher Modelle einschließlich der berufspraktischen Phase unter Berücksichtigung des entwickelten Diskussionsmodells eines Spartenvorbereitungsdienstes, Stand 31. März 2011, www.justiz.nrw.de/JM/justizpolitik/schwerpunkte/juristenausbildung/berichte/bericht2011/bericht2011.pdf

Justizministerkonferenz, Berufsfelder, die für eine Ausbildung nach der Bachelor-Master-Struktur relevant sein könnten. Bericht des Ausschusses zur Koordinierung der Juristenausbildung über die Erfahrungen mit juristischen Bachelor- und Master-Studiengängen der Hoch- und Fachhochschulen, 2008, www.justiz.nrw.de/JM/justizpolitik/schwerpunkte/juristenausbildung/berichte/index.php

Jutras D., Two arguments for cross-cultural legal education, in: Assmann H. D., Brüggemeier G., Sethe R. (Hrsg.), Unterschiedliche Rechtskulturen, Konvergenz des Rechtsdenkens, Baden-Baden 2001, 75

Kähler L., Engel U., Ritter F., Hängen die Ergebnisse der zweiten juristischen Prüfung vom Examensort ab? Ein Vergleich von zehn Bundesländern, Zeitschrift für Rechtssoziologie 2017, Bd. 37(1), 133, https://doi.org/10.1515/zfrs-2017-0007

Kaesling K., Wissenschaftliches Schreiben lehren – Ein Lehrprojekt zur Integration schreibdidaktischer Elemente in die rechtswissenschaftliche Fachdidaktik, ZDRW 2020, 268

Kahlo M., Wozu heute Rechtswissenschaften lehren und studieren? Überlegungen zur Selbstbehauptung der Jurisprudenz im Zeichen einer an der Freiheit der Person orientierten staatlichen Juristenausbildung, in: Graul E., Wolf G. (Hrsg.), Gedächtnisschrift für E. Meurer, Berlin 2002, 583

Kahn T., Spaced Repetition Software im Jurastudium, JurPC Web.Dok 180/2014. DOI 10.7328/jurpcb20142911195

Kahrmann J., Die Anforderungen an die Jurastudierenden im Laufe der Jahrzehnte, JuS 2009, 92

Kalf W., Vorschläge zur Reformierung der juristischen Ausbildung, DRiZ 1990, 337

Kallert R., Marschner L., Schreiber F., Söder S., Das erfolgreiche Jurastudium, Frankfurt/Main 1998

Karb S., Gulla K., Interdisziplinäres Lehren und Lernen – Ein Erfahrungsbericht, Jahrbuch der Rechtsdidaktik 2012, Berlin 2013, 133

Karger M., Rekonstruktion des Rechtsunterrichts am Beispiel des materiellen Strafrechts, Baden-Baden 2010

Karger M., Rekonstruktion des Rechtsunterrichts, in: Brockmann J., Dietrich J. H., Pilniok A. (Hrsg.), Exzellente Lehre im juristischen Studium. Auf dem Weg zu einer rechtswissenschaftlichen Fachdidaktik, Baden-Baden 2011, 135

Kasper H., Glaubenskrieg Anwaltsausbildung? NJ 2004, 61

Kästner A.-K., Prüfungssimulation als Gruppenaufgabe: Studierende gestalten mündliche Prüfungen, ZDRW 2017, 40

Kather, N., Gut L., Der neue Trend: Jura plus. Weil eine Reform der Juristenausbildung nie kommen wird, geht der Nachwuchs längst seinen eigenen Weg, AnwBl 2015, 586

Katzenstein M., Der Bologna-Prozess und die universitäre Juristenausbildung, DÖV 2006, 709

Katzenstein M., Zum Status Quo des Repetitorwesens im juristischen Studium, Jura 2006, 418

Katzenstein M., Schrade H., Der Bologna-Prozess und die Spartenausbildung, DVBl 2006, 549

Kaube J., Dr. jur. ing. (FH). Der Rechtstechniker als Ideal der juristischen Studienreform, FAZ 13. Juni 2001, 53

Kauffmann H., Das internationale Recht in der deutschen Juristenausbildung aus der Sicht der Justizausbildungsbehörden, in: Bernhardt R. (Hrsg.), Das internationale Recht in der Juristenausbildung, Heidelberg 1981, Berichte der Deutschen Gesellschaft für Völkerrecht Bd 21, 45

Kauffmann H., Zur Ausbildung von Diplom-Wirtschaftsjuristen an Fachhochschulen, in: Blomeyer W. (Hrsg.), Die Juristenausbildung aus der Sicht der Praxis, Atzelsberger Gespräche 1993, Erlangen 1994, 9

Kaufmann E., Allgemeinbildung und Rechtsstudium, JuS 1961, 13

Kaulbach A.-M., Expertendilemma Vollständigkeit: Stoffauswahl für eine Vertiefungsvorlesung im Familien- und Erbrecht, ZDRW 2018, 231

Kaulbach A.-M., Zukunftsthemen der Jurist:innenausbildung: Was sollte das rechtswissenschaftliche Studium der Zukunft leisten, in: Griebel J., Gröblinghoff F., Kuhn T., Schimmel R. (Hrsg.), Rechtsdidaktik. Erreichtes – Misslungenes – Zukünftiges, Baden-Baden 2023, 153

Kaulbach A.-M., Riecke P., Die juristische Prüfung auf dem Prüfstand, NJW 2017, 2805

Kaulbach A.-M., Riecke P., Reflexives Schreiben als Methode juristischen Lernens, in: Griebel J. (Hrsg.), Vom juristischen Lernen, Baden-Baden 2018, 61

Kaulbach A.-M., Riecke P., Bedeutung der studienbegleitenden Pflichtpraktika, in: Kramer U., Kuhn T., Putzke H. (Hrsg.), Was muss Juristenausbildung heute leisten?, Stuttgart 2019, 134

Kaulbach A.-M., Wessel H., Neue Wege in der Juristenausbildung, in: Warto P., Zumbach J., Lagodny O., Astleitner H. (Hrsg.), Rechtsdidaktik – Pflicht oder Kür?, Baden-Baden 2017, 169

Kaupen W., Das Modell Hannover – ein Papiertiger?, RuP 1973, 70

Keilmann A., The Einheitsjurist: A German Phenomenon, 7 German Law Journal 293 (2006)

Kemme S., Führt eine Lehre, die sich an den in den Prüfungen geforderten Kompetenzen ausrichtet, zu besseren Leistungen? Ergebnisse einer quasi-experimentellen Untersuchung an Studierenden der Rechtswissenschaft, in: Brockmann J., Pilniok A. (Hrsg.), Prüfen in der Rechtswissenschaft – Probleme, Praxis und Perspektiven, Baden-Baden 2013, 120

Kemper M., Überlegungen zur Effektivitätserhöhung des juristischen Unterrichts, Staat und Recht 1967, 1444

Kersten J., Digitale Rechtsdidaktik. Rechtswissenschaft und Juristenausbildung als „Digital Humanities", JuS 2015, 481

Kese V., Zoller A., Die Planspielmethode. Ein innovativer Ansatz in der juristischen Lehre, in: Berendt B. u. a. (Hrsg.), Neues Handbuch Hochschullehre, C.2.4 (online unter https://www.nhhl-bibliothek.de/)

Kessler C., Die deutsche Juristenausbildung nach der Ausbildungsreform, JA 2003, 712

Keuchen M., Zwickel M., Juristische Videokorrektur – auf dem Wege zum Feedforward, ZDRW 2021, 23

Khakzad D, Kromrey H., Die „totale Institution" Gefängnis in der Juristenausbildung, ZfStrVo 2013, 244

Khalil K., Quo vadis Visuelle Jurisprudenz?, ZDRW 2014, 122

Kiehnle A., Prüfungsformate in der Rechtswissenschaft, in: Krüper J. (Hrsg.), Rechtswissenschaft lehren. Handbuch der juristischen Fachdidaktik, Tübingen 2022, § 47

Kiiver P., Problembasiertes Studium in Maastricht: Praxis seit 30 Jahren, in: Brockmann J., Dietrich J. H., Pilniok A. (Hrsg.), Methoden des Lernens in der Rechtswissenschaft, Baden-Baden 2012, 160

Kilger H., Zur Reform der Juristenausbildung. Replik, AnwBl 1991, 306

Kilger H., Die Reformdiskussion zur Ausbildung der Juristen, AnwB1 1994, 55

Kilger H., Juristenausbildung und Anwaltsausbildung, NJW 2003, 711

Kilger H., Anwaltsausbildung tut Not! Warum es das DAV-Ausbildungsmodell gibt, AnwBl 2003, 693

Kilger H., Impulsreferat zum Symposium, in: Deutscher Juristen-Fakultätentag (Hrsg.), Der „Bologna-Prozess" und die Juristenausbildung in Deutschland (Symposium in Berlin, 22. September 2005), Stuttgart 2007, 65

Kilger H., Juristenausbildung 2006 – nur Qualität sichert den Anwaltsberuf: warum die Anwaltschaft eine Spartenausbildung braucht, AnwBl 2006, 1

Kilger H., Wie der angehende Anwalt ausgebildet sein muss, AnwBl 2007, 1

Kilger H., Die Chimäre „Einheitsjurist", myops 2007, 26

Kilian M., Die Europäisierung des Hochschulraums, JZ 2006, 209

Kilian M., Modelle der Juristenausbildung in Europa – Eine Standortbestimmung, Bonn 2010

Kilian M., Zehn Jahre Anwaltsorientierung in der Juristenausbildung. Nur geringe Effekte aus Sicht von Ausbildern und Arbeitsgebern, AnwBl 2014, 709

Kilian M., Juristenausbildung. Die Ausbildung künftiger Volljuristen in Universität und Referendariat. Eine Bestandsaufnahme unter besonderer Berücksichtigung der Anwaltschaft, Bonn 2015

Kilian M., „Legal clinics" – ein neuer Player auf dem Rechtsdienstleistungsmarkt?, AnwBl 2016, 483

Kilian M., 25 Jahre Freiversuch in der Ersten Juristischen Prüfung: Eine Bilanz, JuS 2016, 669

Kilian M., Fortbildung als Element eines kohärenten Berufsbildungskonzepts, AnwBl 2016, 273

Kilian M., Fortbildungspflicht ante portas: Welche Fortbildungsformate sind relevant?, AnwBl 2016, 800

Kilian M., Mantra der Juristen: Das Doppelprädikat, doch wie viele gibt es?, AnwBl 2016, 401

Kilian M., Juristische Repetitorien: Wissensvermittlung im Schatten der staatlichen Juristenausbildung, JZ 2016, 880

Kilian M., Wandel des juristischen Arbeitsmarktes – Wandel der Juristenausbildung? Zukunftsherausforderungen der Rechtswissenschaft als Professionswissenschaft, in: Pilniok A., Brockmann J. (Hrsg.), Die juristische Profession und das Jurastudium, Baden-Baden 2017, 85 (auch AnwBl 2016, 698)

Kilian M., Klinische Juristenausbildung als Element einer modernen Juristenausbildung. Warum die Nebenwirkungen und Risiken gering sind, der Gewinn für die Rechtspflege aber erheblich ist, AnwBl 2017, 950

Kilian M., Konkretisierte Fortbildungspflicht – Viel Lärm um nichts?, AnwBl 2019, 414

Kilian M., Fremdsprache und Internationalität, Anwaltsblatt 2020, 608

Kilian M., Was darf man von Assessoren erwarten?, AnwBl 2024, 270

Kilian M., Die Zukunft der Juristen, NJW 2017, 3043

Kilian M., Die Zukunft der Steuerberaterprüfung. DStR 2024, 129

Kilian M., Bubrowski H., Anwaltsorientierung im rechtswissenschaftlichen Studium, Bonn 2007

Kilian M., Eckardt C., Die Reform der englischen Juristenausbildung, AnwBl 2021, 157

Kilian M., Lemke S., Modelle der Juristenausbildung in Europa. Eine Standortbestimmung, Bonn, 2010

Kilian M., Wenzel L., Law Clinics in Deutschland, Baden-Baden 2022

Kilian W., Ansätze zu einer juristischen Fachdidaktik, in: Loccumer Arbeitskreis (Hrsg.), Neue Juristenausbildung. Materialien des Loccumer Arbeitskreises zur Reform der Juristenausbildung, Neuwied 1970, 62

Kilian W., Zur Notwendigkeit einer Didaktik des Rechts, JuS 1970, 50

Kilian W., Ansätze zu einer juristischen Fachdidaktik, ZDRW 2017, 174

Kimminich O., Die Ruhr-Universität Bochum, JZ 1966, 669

Kindler S., Zur Freischußregelung, JuS 1993, 440

Kirchhof P. Ein ‚Planspiel' zur Erarbeitung eines Gesetzestextes. Bericht über didaktische Ergebnisse eines Lehrversuchs, JuS 1971, 494

Kisch W., Juristische Pädagogik, in: Ipsen H. P. (Hrsg.), Festschrift für L. Raape zu seinem siebzigsten Geburtstag 14. Juni 1948, Hamburg 1948, 363

Kison C., Juristenausbildung in der Europäischen Union. Einfluss der europäischen Bildungspolitik auf die Regelungen der Mitgliedstaaten unter besonderer Berücksichtigung der Rechtslage in der Bundesrepublik Deutschland, Bonn 2014

Klafki A., JuWissLaw: Gute Lehre im öffentlichen Recht. Rechtswissenschaftliche Fakultäten als Orte fachdidaktischer innovation, ZDRW 2019, 303

Klaner A., Richtiges Lernen für Jurastudenten und Rechtsreferendare, 4. Aufl., Berlin 2011

Klass F., Savic L., Lenk P., Strukturen der Legal Education am Beispiel der Legal Clinic der Leibniz Universität Hannover, Zeitschrift für praktische Rechtswissenschaft 2014, 130

Klausa E., Die Prestigeordnung juristischer Fakultäten in der Bundesrepublik Deutschland und den USA, Kölner Zeitschrift für Soziologie und Sozialpsychologie 1978, 321

Klawitter S., Die online-Semester machen alte Probleme sichtbar, in: Bergmans B. (Hrsg.), Jahrbuch der Rechtsdidaktik/Yearbook of Legal Education 2020/2021, Berlin 2022, 151

Klein E., Weaver R. L., Fallmethode oder systematische Stoffpräsentation? Zu den Lehrmethoden an amerikanischen und deutschen Rechtsfakultäten, JuS 1993, 272

Kleinknecht U., Plädoyer für eine andere Juristenausbildung, JuS 1992, 532

Kleis J., Alternative Lernmethode: Der Moot Court als unverzichtbarer Bestandteil der Juristenausbildung, ZJS 2012, 299

Klinck F., Querschnittscurriculum Verfahrensrecht, in: Krüper J. (Hrsg.), Rechtswissenschaft lehren. Handbuch der juristischen Fachdidaktik, Tübingen 2022, § 21

Klöhn L., Bessere Noten mit kognitiver Psychologie, Jura 2007, 116

Knemeyer F. L. u. a. (Hrsg.), Der Deutsche Juristen-Fakultätentag. Geschichte und Gegenwart, Stuttgart u. a. 1992

Knemeyer F. L., Effektivierung des Studiums und früherer Eintritt ins Berufsleben, Jura 1990, 449

Knemeyer F. L., Der Freiversuch. Das erste Ziel der Studienreformen erreicht, in: Hermann D., Tag B. (Bearb.), Die universitäre Juristenausbildung. Empirische und theoretische Analysen zur Studiendauer und Studienleistung, Bonn 1995, 157

Knemeyer M., Die zivilrechtliche Anwaltsklausur. Erfahrungen mit einem in NRW neuen Klausurtyp und Ratschläge für die Bearbeitung aus der Sicht eines Prüfers, JA 1996, 685

Knickrehm S., Knickrehm V., „Wir waren viel besser auf die Praxis vorbereitet". Interview mit Sabine und Vasco Knickrehm zu ihren Erfahrungen mit der einstufigen Juristenausbildung, Betrifft JUSTIZ 160/2024, 403

Knieper R., Juristenausbildung an Fachhochschulen?, KJ 1993, 77

Knittel E., Sozialwissenschaft und Rechtspraxis in der juristischen Ausbildung, Marburg 1973

Köbler G., Zur Geschichte der juristischen Ausbildung in Deutschland, JZ 1971, 768

Koch E., Zur neuen Diskussion um die Juristenausbildung, Jura 1988, 108

Koch H., Prozessrechtslehre aus Anwaltssicht: ein Plädoyer für den Perspektivenwechsel in der Juristenausbildung, JuS 2000, 320

Koch K. H., Die Juristenausbildung braucht neue Wege, ZRP 1989, 281

Koch K. H., Überlegungen zur Reform der Juristenausbildung, ZRP 1990, 41

Koch L., Anwaltsorientierte Juristenausbildung während des Studiums, AnwBl 2003, 561

Kocher E., Die Berufspraxis in der Juristenausbildung: Alternativen in und zur Universität, KJ 2001, 93

Kock K., Jurastudium 4.0 – Im Wandel der Effektivitätssteigerung durch die Digitalisierung. Nachlese zur digitalen Bundesfachschaftentagung 2020 in Bielefeld, ZDRW 2020, 506

Kohler J., Die Akkreditierung von juristischen Bachelor- und Master-Studiengängen, in: Fischer G., Wünsch T. (Hrsg.), Der Bologna-Prozess an den juristischen Fakultäten, Baden-Baden 2006, 115

Köhler M., Zur Reform des rechtswissenschaftlichen Studiums, JR 1991, 48

Kohlheiss W., Erfahrungen mit der Ferienpraxis für Rechtsstudenten, JuS 1964, 209

Kohnle E., Ferienpraxis für Rechtsstudenten – Gerichtsstation, JZ 1965, 207

Kohnle E., Reformplan für das juristische Studium, JZ 1959, 696

Kokemoor A., Besonderheiten der juristischen Ausbildung an Hochschulen für Angewandte Wissenschaften – Anforderungen an die didaktische Konzeption und das Curriculum, in: Bergmans B. (Hrsg.), Jahrbuch der Rechtsdidaktik/Yearbook of Legal Education 2018/2019, Berlin 2020, 25

Konzen H., Bologna-Prozess und Juristenausbildung, JZ 2010, 241

Konzen H., Schliemann H., Bologna für Juristen – Gedanken zur Reform der Juristenausbildung, in: Hanau P. u. a., (Hrsg.), Gegen den Strich. Festschrift für K. Adomeit, Köln 2008, 343

Kooij R., Schomburg H., Die Relevanz der Vielfalt: Berufserfolg mit den neuen juristischen Abschlüssen, in: Bergmans B. (Hrsg.), Jahrbuch der Rechtsdidaktik/Yearbook of Legal Education 2017, Berlin 2018, 113

Korioth S., Legal education in Germany today, 24 Wisc. Int.'l L. J. 85 (2006)

Kort M., BB-Forum: Rechtsberatung öffnen – für Wirtschaftsjuristen mit Universitätsdiplom!, BB 2004, 2706

Kostorz P., „Wir sehen uns vor Gericht!“ – Gerichte als außerschulische Lernorte beruflicher Bildung, Wirtschaft und Erziehung 2007, 166

Kostorz P., Grundfragen der Rechtsdidaktik, Münster/Berlin 2016

Kostorz P., Rechtsdidaktisches Handeln an Schulen und Hochschulen – Gemeinsamkeiten und Unterschiede, in: Bergmans B. (Hrsg.), Jahrbuch der Rechtsdidaktik/Yearbook of Legal Education 2016, Berlin 2017, 33

Kothe P., Ausbildungsziel: Rechtsanwältin/Rechtsanwalt: ein Beitrag zur Juristenausbildung, AnwBl 2003, 325

Kötz H., Ein Student über die Reform des Jurastudiums, JZ 1960, 362

Kötz H., Glanz und Elend der juristischen Einheitsausbildung: Argumente für eine berufsfeldorientierte Spezialisierung, ZRP 1980, 94

Kötz H., Juristenausbildung und Anwaltsberuf, AnwBl 1988, 320

Kötz H., Europäische Juristenausbildung, ZeuP 1993, 268

Kötz H., Zehn Thesen zum Elend der deutschen Juristenausbildung, ZEuP 1996, 565

Kötz H., Der Bologna-Prozess – Chance für eine starke Anwaltschaft? – Vom Sinn der Staatsprüfung und des Vorbereitungsdienstes, AnwBl 2005, 535

Kötz H., Bologna als Chance, JZ 2006, 397

Kötz H., Der Bologna-Prozess und die Juristenausbildung in Deutschland, in: Deutscher Juristen-Fakultätentag (Hrsg.), Der „Bologna-Prozess" und die Juristenausbildung in Deutschland (Symposium in Berlin, 22. September 2005), Stuttgart 2007, 35

Kötz H., Lernziele der Rechtsvergleichung, in: Brockmann J., Pilniok A., Schmidt M. (Hrsg.), Rechtsvergleichung als didaktische Herausforderung, Tübingen 2020, 19

Kötz H., Auf dem Wege zur europäischen Juristenausbildung, BLJ 1/2021, 1

Kotzur M., Werkstatt, Seminar – Überlegungen zur Konzeptionalisierung einer forschungsbasierten, kompetenz- und diskursorientierten Lehrform, in: Krüper J. (Hrsg.), Rechtswissenschaft lehren. Handbuch der juristischen Fachdidaktik, Tübingen 2022, § 27

Kotzur M., Der Jurist als Weltbürger – Überlegungen zu Bildungsidealen und Ausbildungszielen der Juristenausbildung in Zeiten der Globalisierung, in: Durner W., Reimer F. u. a., Das sinnvoll Denkbare denken, das davon Machbare machen, Gedächtnisschrift für A. Schmehl, Berlin 2019, 29

Krach T., NS-Unrecht in der Jurist:innenausbildung, AnwBl 2024, 356

Kracht S., Mediation versus Entscheiden – Konflikte im juridischen Rollenbild, in: Hof H., Götz von Olenhusen P. (Hrsg.), Rechtsgestaltung – Rechtskritik – Konkurrenz von Rechtsordnungen ... Neue Akzente in der Juristenausbildung, Baden-Baden 2012, 365

Kramer U., Ein Blick über die Grenzen Österreichs: Die Rechtsdidaktik in Deutschland – Was tut sich dort mit und neben der Lehrprofessur, in: Warto P., Zumbach J., Lagodny O., Astleitner H. (Hrsg.), Rechtsdidaktik – Pflicht oder Kür?, Baden-Baden 2017, 313

Kramer U., Korrigieren und Bewerten in der rechtswissenschaftlichen Prüfung, in: Krüper J. (Hrsg.), Rechtswissenschaft lehren. Handbuch der juristischen Fachdidaktik, Tübingen 2022, § 48

Kramer U., Hauser B., Die Korrektur juristischer Arbeiten – ist sie heute schon auf Examensniveau? Ergebnisse eines „Feldversuches", in: Brockmann J., Pilniok A. (Hrsg.), Prüfen in der Rechtswissenschaft – Probleme, Praxis und Perspektiven, Baden-Baden 2013, 144

Kramer U., Hettich J., Das Einzelcoaching nach dem „Passauer Modell“ als fester Bestandteil der Examensvorbereitung, ZDRW 2015, 286

Kramer U., Kuhn T., Das Passauer Modell der Examensvorbereitung, in: Brockmann J., Dietrich J. H., Pilniok A. (Hrsg.), Exzellente Lehre im juristischen Studium. Auf dem Weg zu einer rechtswissenschaftlichen Fachdidaktik, Baden-Baden 2011, 219

Kramer U., Putzke H., Neue Akzente für die Juristenausbildung: ein rechtsdidaktisches Manifest en miniature, in: Hof H., Götz von Olenhusen P. (Hrsg.), Rechtsgestaltung – Rechtskritik – Konkurrenz von Rechtsordnungen … Neue Akzente in der Juristenausbildung, Baden-Baden 2012, 506

Kramer W., Juristenausbildung – Plädoyer für eine innere Reform unter Beibehaltung des äußeren Rahmens, MdR 1998, 1013

Kramer W., Welche Maßnahmen empfehlen sich – auch im Hinblick auf den Wettbewerb zwischen Juristen aus den EG-Staaten – zur Verkürzung und Straffung der Juristenausbildung?, Gutachten F, Verhandlungen des achtundfünfzigsten Deutschen Juristentages, München 1990

Kratz A., Formulierungsprägnanz- und Gutachtenstil-Training mit Audience Response Systemen, ZDRW 2024, 349

Krause P., Geschichte der Justiz- und Verwaltungsausbildung in Preußen und Deutschland, in: Baldus C., Finkenauer T., Rüfner T. (Hrsg.), Juristenausbildung in Europa zwischen Tradition und Reform, Tübingen 2008, 95

Krech J., Neuordnung der Juristenausbildung: Diskussion ohne Ende, NordÖR 2001, 95

Kretz M., Die Einführung der „Freischußregelung“ in Baden-Württemberg, JuS 1992, 621

Kreuzbauer H. M., Zur Diagnostik der rechtsdidaktischen Praxis, in: Warto P., Zumbach J., Lagodny O., Astleitner H. (Hrsg.), Rechtsdidaktik – Pflicht oder Kür?, Baden-Baden 2017, 241

Krimphove D., Der „Diplomwirtschaftsjurist (FH)“ oder die Reform der Juristenausbildung von unten?, ZRP 1996, 248

Krings G., Der Bologna-Prozess und seine Auswirkungen auf die Juristenausbildung in Deutschland, RuP 2006, 18

Krings G., Impulsreferat zum Symposium, in: Deutscher Juristen-Fakultätentag (Hrsg.), Der „Bologna-Prozess“ und die Juristenausbildung in Deutschland (Symposium in Berlin, 22. September 2005), Stuttgart 2007, 23

Kröber, G., Umsetzung der anwaltsorientierten Juristenausbildung in Sachsen, NJ 2006, 253

Kroeschell K., Abschied von der Rechtsgeschichte?, JZ-Sonderheft, November 1968, 20

Kröning V., Einstufige Juristenausbildung in Bremen, RuP 1972, 147

Kröning V., Konzepte der neuen Juristenausbildung, RuP 1970, 307

Kronstein H., Zum juristischen Studium in den Vereinigten Staaten und in Deutschland, JuS 1966, 268

Kröpil K., Anmerkungen zur Gestaltung der ersten juristischen Staatsprüfung nach den Gutachten des 58. Deutschen Juristentages, JuS 1991, 260

Kröpil K., Das Gesetz zur Verkürzung der Juristenausbildung, NJW 1993, 365

Kröpil K., Was im Examen wirklich geprüft wird – Anforderungsanalyse anhand zweier strafrechtlicher Originalklausuren, JuS 2012, 596

Kröpil K., Zur Verkürzung der Studienzeit im Rahmen des geltenden Rechts, JuS 1990, 75

Krüger H., Ankreuzen kann jeder, oder? Die Verwendung von Multiple-Choice-Prüfungen in der juristischen Ausbildung, in: Brockmann J., Pilniok A. (Hrsg.), Prüfen in der Rechtswissenschaft – Probleme, Praxis und Perspektiven, Baden-Baden 2013, 109

Krumsick R., „Zukunftsperspektiven 1985 für Juristen“, Jura 1987, 166

Krumsick R., Sind die deutschen Juristen in der EG konkurrenzfähig?, RuP 1990, 89

Krumsick R., Die Theorie-Praxis-Verbindung als Gretchenfrage der juristischen Ausbildungsreform, RuP 1991, 10

Krüper J., Die Sache – nicht die Schatten – Der Fall Guttenberg, die Jurisprudenz als Wissenschaft und die Anforderungen an juristische Prüfungsarbeiten, ZJS 2011, 198

Krüper J., Grundlagen legen – Funktion und Bedeutung von juristischer Grund-lagenorientierung (nicht nur) in der Studieneingangsphase, in: Brockmann J., Pilniok A. (Hrsg.), Studieneingangsphase in der Rechtswissenschaft, Baden-Baden 2014, 274

Krüper J., Intraförderale Rechtsvergleichung in didaktisch-curricularer Perspektive, in: Brockmann J., Pilniok A., Schmidt M. (Hrsg.), Rechtsvergleichung als didaktische Herausforderung, Tübingen 2020, 133

Krüper J., Juristische Mediendidaktik, ZDRW 2017, 22

Krüper J., Fragen Sie doch jemanden, der sich damit auskennt, Jura 2021, 740

Krüper J., Lehrkonzepte als Professionalisierungsinstrument im (rechtswissenschaftlichen) Berufungsverfahren, ZDRW 2024, 40

Krüper J., Die Vorlesung als rechtswissenschaftliches Lehrformat, in: Ders. (Hrsg.), Rechtswissenschaft lehren. Handbuch der juristischen Fachdidaktik, Tübingen 2022, § 26

Krüper J., Elemente einer rechtswissenschaftlichen Curriculumstheorie, in: Krüper J. (Hrsg.), Rechtswissenschaft lehren. Handbuch der juristischen Fachdidaktik, Tübingen 2022, § 14

Krüper J., Zum Projekt einer rechtswissenschaftlichen Fachdidaktik, in: Ders. (Hrsg.), Rechtswissenschaft lehren. Handbuch der juristischen Fachdidaktik, Tübingen 2022, § 1

Krüper J., Pilniok A., Staatsorganisationsrecht lehren, in: Dies. (Hrsg.), Staatsorganisationsrecht lehren, Baden-Baden 2016, 9

Kruse O., Schreibprozesse, Schreibkompetenzen und Textgenres im Jurastudium – Ergebnisse einer Befragung zu universitären Schreibkulturen, in: Brockmann J., Pilniok A. (Hrsg.), Recht sprechen lernen. Sprache im juristischen Studium, Baden-Baden 2016, 109

Kübler F., Juristenausbildung im Zielkonflikt, Konstanz 1971

Kübler F., Rechtswissenschaft in Konstanz, der unerfüllte Auftrag, in Jauss H. R., Nesselhauf H. (Hrsg.), Gebremste Reform. Ein Kapitel deutscher Hochschulgeschichte, Universität Konstanz 1966–1976, Konstanz 1977

Kudlich H., Der grundständige Bachelorstudiengang der Bucerius Law School zum LL.B., in: Fischer G., Wünsch T. (Hrsg.), Der Bologna-Prozess an den juristischen Fakultäten, Baden-Baden 2006, 39

Kudlich H., Examensvorbereitung an der Universität und beim Repetitor: Fakten, Vorurteile und Perspektiven, JuS 2002, 413

Kudlich H., Sprache und Sprachwissenschaft in der juristischen Ausbildung, in: Felder E., Vogel F. (Hrsg.), Handbuch Sprache im Recht, Berlin 2017, 155

Küffer R., Schwerpunktsetzung im Studium – Risiko oder Chance?, in: Kramer U., Kuhn T., Putzke H. (Hrsg.), Schwerpunkte im Jurastudium, Stuttgart 2015, 160

Kugler U., Robwein R., Informationskompetenz als eine Kernkompetenz in der Rechtswissenschaft, in: Warto P., Zumbach J., Lagodny O., Astleitner H. (Hrsg.), Rechtsdidaktik – Pflicht oder Kür?, Baden-Baden 2017, 95

Kühling J., Neue Wege in der Juristenausbildung, KJ 1997, 133 f

Künnecke A., Herausforderungen in der juristischen Lehre in Zeiten von Corona: Kreative Krisenbewältigung im Corona-Lockdown mit der VWZ-Lehrmethode (Videos, WhatsApp & Zoom), ZDRW 2020, 443

Kuhlmann J., Die Juristenausbildung braucht neue Wege. Zu Pieper, ZRP 1989, 201, ZRP 1989, 431

Kuhn T., Was im Examen wirklich geprüft wird – Anforderungsanalyse anhand einer zivilrechtlichen Originalklausur, JuS 2012, 970

Kuhn T., Analyse von Fehlern in juristischen Prüfungsleistungen, in: Kramer U., Kuhn T., Putzke H. (Hrsg.), Fehler im Jurastudium. Ausbildung und Prüfung, Stuttgart 2012, 21

Kuhn T., Förderung von Problembewusstsein und Argumentationsvermögen – Anregungen für die Gestaltung von Anfängerübungen, in: Brockmann J., Pilniok A. (Hrsg.), Studieneingangsphase in der Rechtswissenschaft, Baden-Baden 2014, 470

Kuhn T., „Roter Faden“ und Präzision im Detail – ein Spagat in der Didaktik des fallorientierten Unterrichts, ZDRW 2015, 243

Kuhn T., Anregungen für ein effektives Selbststudium anhand von Fällen sowie die richtige Lektüre und Gestaltung von Lehrbüchern, in: Griebel J. (Hrsg.), Vom juristischen Lernen, Baden-Baden 2018, 9

Kuhn T., Pflichtfächer des Staatsexamens und Grundlagenorientierung – ein Gegensatz?, in: Griebel J., Gröblinghoff F., Kuhn T., Schimmel R. (Hrsg.), Rechtsdidaktik. Erreichtes – Misslungenes – Zukünftiges, Baden-Baden 2023, 227

Kullmann M., Kain F., Hugo Sinzheimer Moot Court Competition: Internationalerarbeitsrechtlicher Moot Court, ZDRW 2020, 41

Kulow A.-C., „Stellen Sie sich mal vor Sie seien der Richter …!“ – Imagination als Kompetenzressource in Lehr-Lernsituationen, in: Rechtslehre. Jahrbuch der Rechtsdidaktik 2012, Berlin 2013, 47

Kulow A.-C., Vom Folgen zum Verstehen – Eine Etüde zum „didactic turn“ in der Rechtslehre, in: Busch D., Kutscha M. (Hrsg.), Recht, Lehre und Ethik der öffentlichen Verwaltung, Festschrift für H. P. Prümm, Baden-Baden 2013, 289

Kulow A.-C., „Und jedem Anfang wohnt ein Zauber inne…“ – Praktisch-theoretische Gedanken zu einer Erstsemesterdidaktik, in: Brockmann J., Pilniok A. (Hrsg.), Studieneingangsphase in der Rechtswissenschaft, Baden-Baden 2014, 335

Kulow A.-C., Rechtsdidaktik, Neurobiologie und „Selbstlernkompetenzen“ – Einige kurze Thesen, in: Bleckmann F. (Hrsg.), Selbstlernkompetenzen im Jurastudium. Bedeutung – Praxis – Perspektiven, Stuttgart 2015, 85

Kulow A.-C., Der „Rapport“ in der Arzt- und Rechtsanwaltsfortbildung – Kurze rechtsdidaktische Anmerkungen aus der Praxis, in: Griebel J., Gröblinghoff F., Kuhn T., Schimmel R. (Hrsg.), Rechtsdidaktik. Erreichtes – Misslungenes – Zukünftiges, Baden-Baden 2023, 39

Kulow A.-C., Lernen, Logik, Legal Tech – Jura mit Gefühl und Verstand, in: Griebel J., Gröblinghoff F., Kuhn T., Schimmel R. (Hrsg.), Rechtsdidaktik. Erreichtes – Misslungenes – Zukünftiges, Baden-Baden 2023, 171

Kulow A.-C., Die Neuro- und Kognitionswissenschaften aus rechtsdidaktischer Sicht – Eine Standortbestimmung, in: Krüper J. (Hrsg.), Rechtswissenschaft lehren. Handbuch der juristischen Fachdidaktik, Tübingen 2022, § 6

Kunkel C., Zur Bedeutung der Kautelarjurisprudenz (Vertragsgestaltung) in Ausbildung (und Praxis), in: Bergmans B. (Hrsg.), Jahrbuch der Rechtsdidaktik/Yearbook of Legal Education 2017, Berlin 2018, 173

Kunkel C., Stollhoff R., Die Kunst der Vertragsverhandlung – Spieltheorie einmal anders, in: Bergmans B. (Hrsg.), Jahrbuch der Rechtsdidaktik/Yearbook of Legal Education 2016, Berlin 2017, 235

Kunkel W., Grundsätzliche Überlegungen zur Problematik der Juristenausbildung, JZ 1956, 637

Kutschke T., Diplom-Jurist für Jedermann?, JuS 2003, 205

Lachmayr K., Ziele des rechtswissenschaftlichen Studiums und Rechtsdidaktik, Zeitschrift für Hochschulrecht, Hochschulmanagement und Hochschulpolitik 11 (2012), 139

Lachmayr K., Enabling-Spaces – Raum in der Rechtsdidaktik, ZDRW 2015, 163

Lachmayr K., Third Mission in der Lehre als didaktisches Konzept – Lernen durch Wissenstransfer in den Rechtswissenschaften, in: Griebel J., Gröblinghoff F., Kuhn T., Schimmel R. (Hrsg.), Rechtsdidaktik. Erreichtes – Misslungenes – Zukünftiges, Baden-Baden 2023, 201

Lagodny O., Rechtsvergleichende Überlegungen zur Didaktik des Rechtsstudiums in Österreich und in Deutschland, in: Warto P., Zumbach J., Lagodny O., Astleitner H. (Hrsg.), Rechtsdidaktik – Pflicht oder Kür?, Baden-Baden 2017, 51

Lagodny O., Prüfungsorientierter Erwerb von Begründungskompetenz mit Hilfe der juristischen Methodenlehre, ZDRW 2018, 8

Lagodny O., Deibl I., Astleitner H., Fragen des universitären Rechtsunterrichts an die Didaktik, in: Astleitner H., Deibl I., Lagodny O., Warto P., Zumbach J. (Hrsg.), Rechtsdidaktik zwischen Theorie und Praxis, Baden-Baden 2019, 267

Lammers L., Lernen im Jurastudium und in der Examensvorbereitung, JuS 2015, 289

Lammers L., Rechtliche Grenzen der Rechtsdidaktik – zum Recht auf Didaktik und den Grenzen der Umsetzung, in: Astleitner H., Deibl I., Lagodny O., Warto P., Zumbach J. (Hrsg.), Rechtsdidaktik zwischen Theorie und Praxis, Baden-Baden 2019, 227

Landwehr G., Wissenschaftsdidaktische Probleme im Bereich der Rechtswissenschaft, in: Hentig H. v., Huber L., Müller P. (Hrsg.), Wissenschaftsdidaktik, Göttingen 1970, 121

Landwehr G., Zu den Widerständen gegen eine Reform der Juristenausbildung, in: Francke R. u. a. (Hrsg.), Einstufige Juristenausbildung in Bremen. 10 Jahre Bremer Modell, Darmstadt 1982, 163

Landwehr G., Martens K. P., Seiler H. H., Tu felix Hammonia – auf dem Weg zur juristischen Erleuchtung, JZ 1985, 109

Lane A., Die Ausbildung des Juristen für den Internationalen Dienst, in: Becker E., Ule C. H. (Hrsg.), Die Verwaltungsausbildung der Juristen. Vorträge und Diskussionsbeiträge der verwaltungswissenschaftlichen Arbeitstagung der Hochschule für Verwaltungswissenschaften Speyer vom 21. –23.Oktober 1964, Berlin 1965, 101

Lang J., Das Steuerrecht als Fach einer rechtswissenschaftlichen Ausbildung, StuW 1976, 76

Lange B., Ein Plädoyer für Blockveranstaltungen zur Förderung von Selbstlernkompetenzen im Jurastudium, in: Bleckmann F. (Hrsg.), Selbstlernkompetenzen im Jurastudium. Bedeutung – Praxis – Perspektiven, Stuttgart 2015, 147

Lange B., Jurastudium erfolgreich, 7. Aufl., Köln 2012

Lange B., Lernförderlich Lehren in den Rechtswissenschaften, in Hanke U., Winandy S., Lehrveranstaltungen lernförderlich gestalten, Tübingen 2014, 29

Lange B., Stärkung der Studierkompetenz in der Studieneingangsphase – Werkstattbericht über das Kompetenztraining für Studierende und den Fachdidaktik-Workshop Gut lehren und lernen für AG-Leiter, in: Brockmann J., Pilniok A. (Hrsg.), Studieneingangsphase in der Rechtswissenschaft, Baden-Baden 2014, 376

Lange B., Juristisches Lernen in privaten Arbeitsgruppen fördern, in: Griebel J. (Hrsg.), Vom juristischen Lernen, Baden-Baden 2018, 75

Lange B., Professionelle Juristenausbildung – Umsetzung gemeinsamer strategischer Ziele ohne erneute Veränderung der gesetzlichen Rahmenbedingungen, in: Kramer U., Kuhn T., Putzke H. (Hrsg.), Was muss Juristenausbildung heute leisten?, Stuttgart 2019, 19

Lange B., Wachsende Bedeutung der Rechtsdidaktik – Wunsch oder Wirklichkeit?, in: Griebel J., Gröblinghoff F., Kuhn T., Schimmel R. (Hrsg.), Rechtsdidaktik. Erreichtes – Misslungenes – Zukünftiges, Baden-Baden 2023, 27

Lange B., Mit 5W zum Erfolg – Einfach gut lernen und lehren, in: Griebel J., Gröblinghoff F., Kuhn T., Schimmel R. (Hrsg.), Rechtsdidaktik. Erreichtes – Misslungenes – Zukünftiges, Baden-Baden 2023, 319

Lange B., Hanke U., Lernförderlich lehren in großen Vorlesungen mit der Lehrstrategie MOMBI, in: Warto P., Zumbach J., Lagodny O., Astleitner H. (Hrsg.), Rechtsdidaktik – Pflicht oder Kür?, Baden-Baden 2017, 151

Lange B., Lernförderlich lehren in der Rechtswissenschaft, in: Hanke U., Winandy S. (Hrsg.), Lehrveranstaltungen lernförderlich gestalten, Tübingen 2014, 29 http://nbn- resolving.de/urn:nbn:de:bsz:21-dspace-537827

Lange B., Methoden juristischer Lehre – Funktionen und Beispiele, in: Krüper J. (Hrsg.), Rechtswissenschaft lehren. Handbuch der juristischen Fachdidaktik, Tübingen 2022, § 12

Lange J., Die verschiedenen Phasen der Studienreform, in: Knemeyer F. L. u. a. (Hrsg.), 75 Jahre Deutscher Juristen-Fakultätentag: Geschichte und Gegenwart; Thesen zur Juristenausbildung, 2. erw. Aufl., Stuttgart 1995, 51

Lange R., Konstanz und die Rechtswissenschaft, JZ 1965, 737

Lange R., Noch einmal: Konstanz und die Rechtswissenschaft, JZ 1966, 344

Langer T., Die Verbildlichung der juristischen Ausbildungsliteratur, Berlin 2004 (zugl. Diss Bochum 2004)

Läßle S., Juristenausbildung auf dem Prüfstand. Eine interdisziplinäre Untersuchung, Berlin 2017 (zugl. Diss. Frankfurt 2016)

Larik J., MOOCs und Lehrpraxis: Ein Erfahrungsbericht zu „The EU in Global Governance", ZDRW 2014, 343

Larsen C., Die Verzahnung von Rechtswissenschaft und Wirtschaftswissenschaft am Beispiel eines Masterstudiengangs, in: Hof H., Götz von Olenhusen P. (Hrsg.), Rechtsgestaltung – Rechtskritik – Konkurrenz von Rechtsordnungen … Neue Akzente in der Juristenausbildung, Baden-Baden 2012, 161

Laurich J., La dénationalisation de l'enseignement du droit vue par une professionnelle du droit, in: Ponthoreau M.-C. (dir.), La dénationalisation de l'enseignement juridique, Institut Universitaire Varenne 2016, 147

Lautmann R., Die Kritik am Prüfungswesen, in: Loccumer Arbeitskreis (Hrsg.), Neue Juristenausbildung. Materialien des Loccumer Arbeitskreises zur Reform der Juristenausbildung, Neuwied 1970, 137 (Neuabdruck ZDRW 2020, 92)

Lautmann R., Prüfung und Herrschaft, Soziale Welt 21/22 (1971), 360

Lautmann R., Um die Ausbildung von Herrschaftspersonal. Modell eines Reformkonflikts, Vorgänge, Zeitschrift für Gesellschaftspolitik, 13. Heft (1975), 72

Lautmann R., Kritik am Prüfungswesen – damals und heute. Ein Nachwort, ZDRW 2020, 117

Lautmann R., Meuser M., Verwendung der Soziologie in Handlungswissenschaften am Beispiel von Pädagogik und Jurisprudenz, Kölner Zeitschrift für Soziologie und Sozialpsychologie 38 (1986), 685

Leeb H., Aufbruch zu einer neuen Juristenausbildung?, RuP 1990, 97

Lege J., Vom Beruf der Juristischen Fakultäten für die Rechtswissenschaft, NJW-aktuell 14/2017, 19

Lege J., Zwischen Konkurrentenklage und Wissenschaftlichkeit. Zur Diskussion über die Koordinierung der Juristenausbildung, JZ 2018, 341

Lege J., Die didaktischen Implikationen der Schwerpunktbereichsausbildung, ZDRW 2021, 188

Lehmann K. H., Die juristische Ausbildung in der DDR, JuS 1968, 341

Lehmann K. H., Reform der Juristenausbildung in der DDR, JuS 1969, 195

Lehmann K. H., Erfahrungen mit ein- und zweiphasiger Ausbildung in der DDR, Reform der juristischen Ausbildung, Tagung der Evangelischen Akademie Bad Boll in Verbindung mit dem Deutschen Juristenverband vom 26. –28. Juni 1970 in Bad Boll, hrsg. von der Pressestelle der Evangelischen Akademie Bad Boll, Bad Boll 1970, 20

Lehmann M., L'examen d'Etat (Staatsexamen) en Allemagne: un obstacle insurmontable à la transnationalisation du droit?, in: Ancel P., Heuschling L., La transnationalisation du droit, Bruxelles 2016, 167

Leibfried S., Tendenzen der Einphasenausbildung, KJ 1973, 183

Leisner W., Das Juristenmonopol in der öffentlichen Verwaltung, in: Eisenmann P., Rill B. (Hrsg.), Jurist und Staatsbewußtsein, Heidelberg 1987, 53

Lemberg G., Ferienpraxis für Rechtsstudenten in der Verwaltungsstation, JZ 1965, 522

Lemke M., Reformierte zweistufige Juristenausbildung, RuP 1979, 210

Lenhart V., Pädagogik der Menschenrechte, Springer, Berlin 2003

Lenk K., Juristenausbildung zwischen Wissenschaftlichkeit und Berufspraxis, ZRP 1975, 234

Lenz C. O., Überlegungen zur Juristenausbildung, DRiZ 1974, 142

Lenz C. O., Die Bedeutung des europäischen Gemeinschaftsrechts für die Juristenausbildung, JuS 2002, 1154

Lenz K.-F., Lernstrategie Jura, Norderstedt 2002

Leo H., Einheitsjurist und Zweistufigkeit. Eine kleine Geschichte der juristischen Ausbildung in Deutschland, JR 1991, 53

Leo H., Reform tut not! – Überlegungen zur Änderung der juristischen Ausbildung, JuS 1990, 242

Lepsius S., Stellung und Bedeutung der Grundlagenfächer im juristischen Studium in Deutschland – unter besonderer Berücksichtigung der Rechtsgeschichte, ZDRW 2016, 242

Leser H., Legal education in Germany, in Birks P. (Ed.), Pressing problems in the law, volume 2: What are law schools for?, New York 1996, 91

Leske S., Bucerius Law School in Hamburg: Ein neuer Weg in der Juristenausbildung, JuS 2001, 414

Leß G., Weniger Dogmatik, mehr Erfahrungswissenschaften, JZ 1952, 173

Leß G., Zur Ausbildung der Referendare in der Verwaltung, DÖV 1959, 325

Lewinski K. von, Strukturelle Richterperspektive und Juristenausbildung: die Sicht des Richters und die rechtsgebietsübergreifende Ausbildung, AnwBl 2006, 10

Lewinski K. von, Beraterperspektive in der juristischen Ausbildung, in: Warto P., Zumbach J., Lagodny O., Astleitner H. (Hrsg.), Rechtsdidaktik – Pflicht oder Kür?, Baden-Baden 2017, 129

Lewinski K. von, de Barros Fritz R., Law Clinics in der Fachanwaltsausbildung – Gemeinsame Ausbildung von Anfängern und Profis, in: Astleitner H., Deibl I., Lagodny O., Warto P., Zumbach J. (Hrsg.), Rechtsdidaktik zwischen Theorie und Praxis, Baden-Baden 2019, 141

Liceni-Kierstein D., Bachelor- und Master-Studium – einheitlicher Ausbildungsgang oder Doppelstudium?, FamRZ 2011, 526

Limbeck B., Frielingsdorf R., Rechtswissenschaften als Lehramtsstudienfach, Rechtskunde 2004/2005, 6

Limburg H., Zwischenruf: Juristenausbildung: Reform ja, Revolution nein, DRiZ 2024, 313

Lindner F. J., Staatsorganisationsrecht lehren, RW 2017, 221

Lindner J. F., Das Studium des Rechts als Wertdosziplin, in: Krüper J. (Hrsg.), Rechtswissenschaft lehren. Handbuch der juristischen Fachdidaktik, Tübingen 2022, § 9

Lindner J., Wissenschaftliche Legitimation in der juristischen Ausbildungsreform durch Begleitforschung?, KJ 1981, 77

Linke T., Online-Quellen in der öffentlich-rechtlichen Ausbildung – Eine Einleitung zum „richtigen" Internetgebrauch, Jura 2016, 247

Linssen R., Krekeler C., Der Anwalt im Lernvideo statt auf RTL – Neue Wege der Praxisvermittlung, AnwBl 2016, 841

Linssen R., Khalaf A., Linssen Law Learning: Wie Videos den Zugang zum Strafrecht erleichtern können, ZDRW 2018, 259

Lisop I., Die Denk- und Sprachsysteme der Wirtschaftswissenschaften und des Rechts in der Didaktik, in: Golas H. G. (Hrsg.), Didaktik der Wirtschaftslehre, München 1973, 166

Litten R., Europäische Rechtsharmonisierung und nationale Juristenausbildung in: Fritsch-Oppermann S., Oppermann B., Die Ausbildung künftiger Juristen und Juristinnen und die europäische Rechtsharmonisierung, Loccum 2002, 53

Loccumer Arbeitskreis, Memorandum des Loccumer Arbeitskreises vom 8. Oktober 1969: Zur Reform der Juristenausbildung, in: Loccumer Arbeitskreis (Hrsg.), Neue Juristenausbildung. Materialien des Loccumer Arbeitskreises zur Reform der Juristenausbildung, Neuwied 1970, 7

Loewenheim, H., Probleme der Ausbildung des juristischen Nachwuchses, ZHR 1949, 123

Löhnig M., Die Große Vorlesung – Ein Fehler im Jurastudium?, in: Kramer U., Kuhn T., Putzke H. (Hrsg.), Fehler im Jurastudium. Ausbildung und Prüfung, Stuttgart 2012, 147

Löhnig M., Förderung der Befähigung zum Wissenschaftlichen Arbeiten im Regensburger Schwerpunktkonzept, in: Kramer U., Kuhn T., Putzke H. (Hrsg.), Schwerpunkte im Jurastudium, Stuttgart 2015, 117

Lohse E. J., Steuerungswirkung der Ausbildungspläne im juristischen Vorbereitungsdienst, ZDRW 2023, 275

Lohse E. J., Juristische Lernstrategien, in: Krüper J. (Hrsg.), Rechtswissenschaft lehren. Handbuch der juristischen Fachdidaktik, Tübingen 2022, § 33

Lohse E.J., Zwickel M., Juristisches Kompetenztraining in der Studieneingangsphase – ein Werkstattbericht, in: Brockmann J., Pilniok A. (Hrsg.), Studieneingangsphase in der Rechtswissenschaft, Baden-Baden 2014, 431

Lorenz S., Wissenschaft und Praxis als Gegensätze? Warum Praktiker Wissenschaft und Wissenschaftler Praxis brauchen, in: Hof H., Götz von Olenhusen P. (Hrsg.), Rechtsgestaltung – Rechtskritik – Konkurrenz von Rechtsordnungen … Neue Akzente in der Juristenausbildung, Baden-Baden 2012, 132

Lorenz S., Forschung, Praxis und Lehre im Bericht des Wissenschaftsrats „Perspektiven der Rechtswissenschaft in Deutschland“, JZ 2013, 704

Lorenz S., Möglichkeiten und Grenzen netzbasierter Lehre in den Rechtswissenschaften, ZDRW 2014, 77

Lorenz S., Die Reform der Juristenausbildung aus zivilrechtlicher Sicht, ZDRW 2017, 73

Lorenzmeier S., *Indlekofer M.*, Moot Courts in der juristischen Ausbildung, ZJS 2010, 574

Loschelder W., Gedanken zur Reform der Ausbildung und Prüfung aus der Sicht der Verwaltung, in: Probleme der juristischen Ausbildung in der Verwaltung. Tagung am 26./27.9.1962, Schriftenreihe der Hochschule Speyer, 161

Löwisch M., Der Akademische Rat und die Neuordnung des rechtswissenschaftlichen Studiums, JZ 1968, 17

Loytved H., Die einstufige Juristenausbildung an der Universität Bayreuth, BayVBl 1979, 235

Lückk N., Guter Rat zu teuer? Bestandsaufnahme zu studentischer Rechtsberatung und Überlegungen zu Qualitätssicherungsmaßnahmen in Law Clinics, Jura 2020, 703

Lüderssen K., Wie rechtsstaatlich und solide ist ein sozialwissenschaftlich-juristisches Grundstudium?, JuS 1974, 131

Ludyga J., Das NS-Justizunrecht als Prüfungsstoff in den staatlichen und universitären juristischen Prüfungen, ZDRW 2019, 16

Lueg S., Die Entstehung und Entwicklung des juristischen Privatunterrichts in den Repetitorien: Ein Beitrag zur Diskussion über die Reform der Juristenausbildung, Frankfurt 1994 (Diss. Berlin)

Lührig N., Die Diskussion über die Reform der Juristenausbildung von 1945 bis 1995, Frankfurt/Main 1997

Lührig N., Juristenausbildung für das 21. Jahrhundert: Kein Konsens – keine Reformen! Zu einer sich seit Jahrzehnten im Kreise drehenden Ausbildungsdebatte, in: Strempel D. (Hrsg.), Juristenausbildung zwischen Internationalität und Individualität – auch ein Problem der Gesetzgebung, Baden-Baden 1998, 207

Lührig N., Staatsprüfungssystem für Fachanwaltschaften?, AnwBl 2010, 704

Lüke G., Ein offenes Wort zur „Freischußregelung“, JuS 1994, 447

Lullies S., *Schüller J.*, *Zigriadis G.*, Zum Bedarf der Wirtschaft an Absolventen eines Diplomstudiengangs Rechtswissenschaft mit wirtschaftswissenschaftlicher Ausrichtung, München 1995

Lundmark T., Der Jurist im europäischen Vergleich, ZfVR 2010, 78

Lundmark T., Reminiscences, observations, and suggestions for teaching foreign law in a foreign language, in: Bergmans B. (Hrsg.), Jahrbuch der Rechtsdidaktik/Yearbook of Legal Education 2017, Berlin 2018, 239

Luschin C., A German ivy? The Bucerius Law School, 19 Southwestern Journal of Internatonal Law 1 (2012)

Lutter M., Die endgültige Ordnung des rechtswissenschaftlichen Studiums an der Ruhr-Universität Bochum, JuS 1967, 286

Lüttschwager K., König R. von, Schlüsselqualifikationen: Das juristische Duell – Hard Skills und Soft Skills im Kampf um Juristen, Hochschule für Wirtschaft und Recht, Berlin 2011

Lynen F., Warken S., Anwaltsorientierte Moot Courts an der Ruprecht-Karls-Universität Heidelberg, JuS 2003, 1142

Machleid W., Zur Reform der Juristenausbildung, JuS 1961, 331

Machmann F., Bachelor-Studiengang ‚Unternehmensjurist' an der Uni Mannheim, Betriebs-Berater Nr. 51–52/2009, M 16.

Machura S., Recht im Film – Themen und Formen des Unterrichts, ZDRW 2016, 363

Machura S., Zum kritischen Potenzial der Rechtssoziologie, in: Hof H., Götz von Olenhusen P. (Hrsg.), Rechtsgestaltung – Rechtskritik – Konkurrenz von Rechtsordnungen … Neue Akzente in der Juristenausbildung, Baden-Baden 2012, 220

Maennel F. A., Studium der Rechtswissenschaften, 2. Aufl., Köln 1991

Mager U., Erfahrungen mit der Ausbildungsreform von 2002, in: Baldus C., Finkenauer T., Rüfner T. (Hrsg.), Juristenausbildung in Europa zwischen Tradition und Reform, Tübingen 2007, 321

Magnus U., Büchel H., Erfolgsbedingungen der Einstufenausbildung – zum Prüfungsverfahren, in: Giehring H., Haag F., Hoffmann-Riem W., Ott C. (Hrsg.), Juristenausbildung – neu überdacht. Erfahrungen aus der einstufigen Juristenausbildung als Grundlage für eine weiterhin anstehende Reform, Baden-Baden 1990, 322

Maharg P., The Periclean Plumber: Simulation and Legal Education, in: Bergmans B. (Hrsg.), Jahrbuch der Rechtsdidaktik/Yearbook of Legal Education 2016, Berlin 2017, 187

Maier A.-C., Die Sprache im Fokus? Studentische Erfahrungen aus der juristischen Ausbildung n Deutschland und Brasilien, in: Kunz L., Ferreira Mese V. (Hrsg.), Rechtssprache und Schwächerenschutz, Baden-Baden 2018, 415

Maiwald K. O., Warum ist die Herstellung von Recht professionalisierungsbedürftig? Überlegungen zum Habitus von JuristInnen, in: A. Pilniok, J. Brockmann (Hrsg.), Die juristische Profession und das Jurastudium, Baden-Baden 2017, 11

Mallmann W., Die neue rechts- und wirtschaftswissenschaftliche Fakultät in Gießen und ihr Reformplan für das juristische Studium, JuS 1966, 217

Mansel H. P., Hein J. von, Weller M.-P., Reform der Juristenausbildung: Staatsexamen ohne internationales Privatrecht?, JZ 2016, 855

Manz W., Wolff J., Rechtswissenschaft und Didaktik, in: Grimm D. (Hrsg.), Rechtswissenschaft und Nachbarwissenschaften, Band 2, München 1976, 239 (Abdruck in ZDRW 2021, 97)

Marchang B., JuristInnenausbildung, DuR 1990, 61

Markert M. H., Gesetz zur Reform der Juristenausbildung: ‚Schlüsselqualifikationen', Jura 2003, 802

Markesinis B., Zur Lehre des Rechts anhand von Fällen: einige bescheidene Vorschläge zur Verbesserung der deutschen Juristenausbildung, in: Schwenzer I., Hager G. (Hrsg.), Festschrift für P. Schlechtriem zum 70. Geburtstag, Tübingen 2003, 119

Marschelke J.-C., Interkulturelle Kompetenz in der universitären Juristenausbildung. Zum Würzburger Projekt Globale Systeme und interkulturelle Kompetenz (GSiK), in: Hilgendorf E., Eckert F. (Hrsg.), Subsidiarität : Sicherheit : Solidarität. Festgabe für Franz-Ludwig Knemeyer zum 75. Geburtstag, Würzburg 2012, 617

Marschelke J.-C., Interkulturelle Rechtskommunikation – eine problematisierende Skizze, in: Krüper J. (Hrsg.), Rechtswissenschaft lehren. Handbuch der juristischen Fachdidaktik, Tübingen 2022, § 50

Märtens J. J., Rechtskultur als Zugang zum Recht: ein Vorlesungskonzept zur Vermittlung des deutschen Rechts im Ausland, ZDRW 2018, 349

Martin W., Noch einmal, Das Elend des Jurastudiums, JZ 1987, 83

Martin W., Kursbuch für Erstsemester, 3. Aufl., Heidelberg 1990

Martin W., Die Stellung des Repetitors in der deutschen Juristenausbildung, ZRP 1991, 449

Martin W., Unausgeschöpfte Möglichkeiten der deutschen Juristenausbildung, JuS 1992, 86

Martin W., Fachhochschulausbildung von „Wirtschaftsjuristen"? Belebende Konkurrenz oder aliud gegenüber herkömmlichem Jura-Studium, ZRP 1993, 465

Martin W., Juristische Repetitorien und staatliches Ausbildungsmonopol in der Bundesrepublik Deutschland, Berlin 1993 (Diss. Tübingen 1990)

Martinek M., Der Rechtskulturschock. Anpassungsschwierigkeiten deutscher Studenten in amerikanischen Law Schools, JuS 1984, 92

Martinek M., Keine Angst vor Europa!, JZ 1990, 796

Martinek M., Schüchternheit im mündlichen Staatsexamen – Versuch einer Aufmunterung, JuS 1994, 268

Martinek M., Das Juristische Manifest – Zehn Synthesen zur Revolution des juristischen Studiums im 21. Jahrhundert, ZRP 1998, 201

Martinek M., Kollegiale Reflexionen zur Didaktik des Abstraktionsprinzips – Wie lehren wir es und was lehrt es uns?, in: Stamm J. (Hrsg.), Festschrift für H. Rüßmann, Saarbrücken 2013, 95

Martinek M., Juristenausbildung für Europa. Der Weg der deutschen Juristenausbildung vom nationalstaatlichen Justizjuristen zum kosmopolitischen Rechtsmanager, in: Bergmans B. (Hrsg.), Rechtslehre. Jahrbuch der Rechtsdidaktik/Yearbook of Legal Education 2013/2014, Berlin 2015, 11

Martini S., Judikative Rechtsvergleichung im/und das Jurastudium zwischen Wissenschaftlichkeit und Praxisorientierung, in: Brockmann J., Pilniok A., Schmidt M. (Hrsg.), Rechtsvergleichung als didaktische Herausforderung, Tübingen 2020, 47

Martini S., Didaktik des Schwerpunktbereichs, in: Krüper J. (Hrsg.), Rechtswissenschaft lehren. Handbuch der juristischen Fachdidaktik, Tübingen 2022, § 44

Maschmann F., Neuer LL.B.-Studiengang an der Universität Mannheim: Bachelor Unternehmensjurist, AuA 2008, 162

Matsos G., Rechtswissenschaftliche Ausbildung in Deutschland: Attraktiver zu machen?, GPR 2012, 255

Mattheus D., Teichmann A., Anwaltsorientierte Arbeitsgemeinschaften, JuS 2003, 633

Matzke M., Methodik der Falllösung in Rechtsklausuren – Über den Umgang mit formalen Klausurproblemen im materiellen Strafrecht (einschl. zivilrechtlicher Bezüge), in: Bergmans B. (Hrsg.), Jahrbuch der Rechtsdidaktik/Yearbook of Legal Education 2016, Berlin 2017, 91

Matzky R., Die Mindmapping-Technik in der juristischen Wissensbewältigung, JA 2003, 398

Mäurer H., Der „Diplom-Wirtschaftsjurist (FH)“ oder die Reform der Juristenausbildung von unten?, ZRP 1997, 385

Mayer-Maly T., Der Jurist: Enzyklopädist oder Spezialist?, in: Merten D. (Hrsg.), Probleme der Juristenausbildung. Vorträge des 11. Sonderseminars 1978 der Hochschule für Verwaltungswissenschaften Speyer, Berlin 1980, 15

McColgan P., Digitale Klausurkorrektur per Video – Plädoyer für die Neugestaltung von Korrekturdienstleistungen, ZDRW 2020, 349

Medicus D., Private Juristenausbildung. Zu § 5d des Entwurfs des DRiG, JZ 1971, 497

Medicus D., Welche Maßnahmen empfehlen sich – auch im Hinblick auf den Wettbewerb zwischen Juristen aus den EG-Staaten – zur Verkürzung und Straffung der Juristenausbildung?, Verhandlungen des achtundfünfzigsten Deutschen Juristentages, München 1990, Teil O

Mehde V., Rechtswissenschaftliche und verwaltungswissenschaftliche Entscheidungslehren, in: Bull H. P. (Hrsg.), Verwaltungslehre in Hamburg 1962–2002, Hamburg 2003, 87

Mehde V., Die Zukunft der juristischen Vorlesung nach ihrem Ende im Internet, ZDRW 2020, 312

Mehren A. T. von, German legal education, 2 Bull. Harv. Int.'l L. Club 1 (1959)

Meier B.-D., Ist der Erfolg im Jurastudium vorhersagbar? Empirische Befunde zum Zusammenhang zwischen Schulnoten und Abschneiden im ersten juristischen Examen, Beiträge zur Hochschulforschung 4/2003, 18

Meiertöns H., Lehrleistungen im Berufungsverfahren, ZDRW 2024, 23

Meinhof R., Roßbach S., No Name! Zur Notwendigkeit anonymisierter Prüfungen im rechtswissenschaftlichen Studium, ZDRW 2024, 208

Meiss K., Die Universitätsübung und der Repetitor, JZ 1953, 218

Meister E., Omlor S., (Digital-)Reform der juristischen Ausbildung, ZRP 2021, 59

Meng-Papantoni M., The Teaching of Legal Practice in Europe: An Outlook, in: Germelmann C. F. (ed.), Innovative Teaching in European Legal Education, Baden-Baden 2021, 119

Merk B., Der Bologna-Prozess – die Erste Juristische Staatsprüfung auf dem Prüfstand?, ZRP 2004, 264

Merkt M., Prüfungsforschung in der Rechtswissenschaft – Überlegungen zu methodischen Möglichkeiten, in: Bork R. (Hrsg.), Prüfungsforschung, Baden-Baden 2015, 93

Merten D., Fünfzehn Thesen zur Zukunft der Juristenausbildung, DVBl 1990, 1101

Mertin H., Die Reform der Juristenausbildung – eine „reformatio in peius“, RuP 2000, 16

Meyer J., Refugee Law clinic von Studierenden: Gutes tun und selbst dazu lernen, AnwBl 2015, 833

Meyer S., Simulation eines Unternehmenskaufs mit Studierenden des Wirtschaftsrechts: Ein Erfahrungsbericht aus der Lehrwerkstatt, in: in: Bergmans B. (Hrsg.), Rechtslehre. Jahrbuch der Rechtsdidaktik/Yearbook of Legal Education 2015, Berlin 2016, 187

Meyer S., Verwendung eines Blogs im Rechtsunterricht, Bergmans B. (Hrsg.), Rechtslehre. Jahrbuch der Rechtsdidaktik/Yearbook of Legal Education 2015, Berlin 2016, 177

Meyer U., Die Fallbearbeitung als didaktisches Konzept, Rechtslehre. Jahrbuch der Rechtsdidaktik 2011, Berlin 2012, 93

Meyer U., Zum Zusammenhang von Methodenlehre und didaktischen Konzepten in den Rechtswissenschaften, in: Brockmann J., Dietrich J. H., Pilniok A. (Hrsg.), Exzellente Lehre im juristischen Studium. Auf dem Weg zu einer rechtswissenschaftlichen Fachdidaktik, Baden-Baden 2011, 107

Meyer-Heinsohn P., Juristenausbildung aus dem Blickpunkt der Wirtschaft, in: Strempel D. (Hrsg.), Juristenausbildung zwischen Internationalität und Individualität, Baden-Baden 1998, 217

Michael L., Die Reform der Juristenausbildung aus öffentlich-rechtlicher Sicht, ZDRW 2017, 77

Michael L., Methodenlehre in digitalen Selbstlernmodulen und Videoformaten, ZDRW 2020, 465

Michaelis K., Recht und Unrecht des ‚Missbehagens' gegenüber dem akademischen Rechtsunterricht, NJW 1967, 1881

Michaelis K., Die heutige Juristenausbildung und ihr Verhältnis zur Rechtswirklichkeit, JuS 1991, 799

Michel H., Der Law School Admission Test – Eignungsnachweis für das Rechtsstudium?, JuS 1964, 429

Micklitz H.-W., The Bifurcation of Legal Education – National vs. Transnational, in: Gane C., Huang R. H. (eds.), Legal Education in the Global Context. Opportunities and Challenges, London/New York 2016, 43

Mielke B., Law goes digital: Lehrkonzepte zur Digitalisierung – vom Grundstudium bis zum Referendariat, in: Schmidt M., Trute H. H. (Hrsg.), Lehre der Digitalisierung in der Rechtswissenschaft, Baden-Baden 2023, 229

Mierau J., Die juristischen Diplom- und Abschlussprüfungen in der SBZ/DDR. Ein Einblick in die Juristenausbildung im Sozialismus, Frankfurt/Main 2000

Millack C., Gedanken zur Reform der Juristenausbildung. Unter Berücksichtigung des Status des Europabeamten, RiA 1962, 161

Millgramm K. H., Studienbegleitende Leistungskontrollen – Erste Erfahrungen, Jura 1987, 178

Mir Djawadi M., Einige Gedanken zur Neuaustarierung des Verhältnisses von Präsenzveranstaltungen und Selbststudium, in: Griebel J. (Hrsg.), Vom juristischen Lernen, Baden-Baden 2018, 37

Missong M., Ihden T., Christensen B., „Statistik" als Schlüsselqualifikation für Juristinnen und Juristen, ZDRW 2017, 112

Mittag S., Qualitätssicherung an Hochschulen, Münster 2006

Mix C., Schreiben im Jurastudium, Paderborn 2011

Mock S., Das Unternehmensrecht als fachdidaktische Herausforderung, ZDRW 2019, 239

Mohamed J., Juristenausbildung, Staatsexamen und Schwerpunktbereiche, RuP 2018, 318

Mohnert A., Stress und kontraproduktive Einstellungen in der Juristenausbildung, ZDRW 2022, 132

Möller T., T@keLawQ – Visualisierung von Recht, Bergmans B. (Hrsg.), Jahrbuch der Rechtsdidaktik/Yearbook of Legal Education 2016, Berlin 2017, 127

Möllers C., Grundlagenfächer in der Reform der Juristenausbildung. Rechtsphilosophie, Rechtsgeschichte und Rechtssoziologie: Reflexionswissen für die Rechtspraxis, AnwBl 2016, 713

Möllers C., Struktur und Gegenstand des Curriculums im Verfassungsrecht – jenseits von Staatsbürgerkunde und Vergrundrechtlichung, in: Krüper J. (Hrsg.), Rechtswissenschaft lehren. Handbuch der juristischen Fachdidaktik, Tübingen 2022, § 17

Möllers M., Das Wesen des Sachenrechts in Gegenüberstellung zum Schuldrecht unter dem besonderen Aspekt einer Erfassung des Abstraktionsprinzips, dargestellt am Institut des Eigentums an beweglichen Sachen. Ein Beitrag zur Rechtsdidaktik, Egelsbach 1992

Möllers M., Ansätze zu einer Didaktik der Rechtswissenschaft an Fachhochschulen der öffentlichen Verwaltung, Fachhochschule des Bundes für öffentliche Verwaltung, Brühl 1995

Möllers N., Lehren und Prüfen bei der Polizei. Ein Lehrbuch der Didaktik, Frankfurt/Main 2005

Möllers T. M. J., Wie Juristen denken und arbeiten – Konsequenzen für die Rolle juristischer Methoden in der juristischen Ausbildung, ZfPW 2019, 94

Molzahn A., Didaktische Ansätze für die Rechtskunde auf allgemeinbildenden Schulen, Teil 2a, Rechtskunde H. 2, Januar 1986

Molzahn A., Didaktische Ansätze für die Rechtskunde auf allgemeinbildenden Schulen, Teil 2b, Rechtskunde H. 3, Juni 1986

Molzahn A., Didaktische Ansätze für die Rechtskunde auf allgemeinbildenden Schulen, Teil 1, Rechtskunde H. 1, Juni 1985

Momsen C., Eisenberger L., Clinical Legal Education als Lehrangebot zur Vermittlung von Schlüsselqualifikationen, in: Jung S., Momsen C., Saliger F., Schmitt-Leonardy C. (Hrsg.), Strafverfahren und Kommunikationskompetenz, Baden-Baden 2018, 47

Mondini P. F., Juristenausbildung in Italien zwischen Reform und Gegenreform: eine Warnung für Deutschland?, in: Baldus C., Finkenauer T., Rüfner T. (Hrsg.), Juristenausbildung in Europa zwischen Tradition und Reform, Tübingen 2007, 243

Moritz K., Erfahrungen mit der Integration von Theorie und Praxis in der Zivilrechtsausbildung, in: Giehring H., Haag F., Hoffmann-Riem W., Ott C. (Hrsg.), Juristenausbildung – neu überdacht. Erfahrungen aus der einstufigen Juristenausbildung als Grundlage für eine weiterhin anstehende Reform, Baden-Baden 1990, 109

Morlok M., Aspekte der Rechtskritik, in: Hof H., Götz von Olenhusen P. (Hrsg.), Rechtsgestaltung – Rechtskritik – Konkurrenz von Rechtsordnungen … Neue Akzente in der Juristenausbildung, Baden-Baden 2012, 274

Morlok M., Das Jurastudium als Einübung der juristischen Fachsprache, in: Brockmann J., Pilniok A. (Hrsg.), Recht sprechen lernen. Sprache im juristischen Studium, Baden-Baden 2016, 11

Mosenheuer A., Strasser C., Wißmann H., Propädeutische Seminare als Element der Schwerpunktausbildung – Zur Didaktik der juristischen Universitätsprüfung, JuS 2005, 669

Moser S., Schmidinger S., Zumbach J., Bildmedien im juristischen Lehrbuch: Eine Analyse didaktischer Gestaltungsmerkmale und Hinweise zur Optimierung, in: Warto P., Zumbach J., Lagodny O., Astleitner H. (Hrsg.), Rechtsdidaktik – Pflicht oder Kür?, Baden-Baden 2017, 287

Moser S., Thurner T., Lewalter D., Flipped Classroom als Methode zur Förderung des Verständnisses von Rechtstexten, in: Astleitner H., Deibl I., Lagodny O., Warto P., Zumbach J. (Hrsg.), Rechtsdidaktik zwischen Theorie und Praxis, Baden-Baden 2019, 126

Moser S., Lewalter D., Thurner T., Flipped Classroom im Rechtsunterricht der Bayrischen Bereitschaftspolizei – Ergebnisse und Erfahrungen aus der wissenschaftlichen Begleitforschung, in: Warto P., Deibl I., Lagodny O., Astleitner H., Zumbach J., Rechtsdidaktik. Vom Selbstverständnis einer neuen Disziplin, Wien 2021, 53

Möslein F., Governance in der rechtswissenschaftlichen Ausbildung: Schlüsselqualifikation für Regelsetzung, Wirkungsanalyse und interdisziplinären Austausch, in: Hof H., Götz von Olenhusen P. (Hrsg.), Rechtsgestaltung – Rechtskritik – Konkurrenz von Rechtsordnungen … Neue Akzente in der Juristenausbildung, Baden-Baden 2012, 385

Möslein F., Rennig C., Business Law Clinics in der rechtswissenschaftlichen Ausbildung, Jura 2021, 1084

Möslein F., Gröber C., Heß C., Rebmann C., Das Recht der Digitalisierung in der rechtswissenschaftlichen Ausbildung, Jura 621, 651

Mosler R., Mehr oder weniger Praxisorientierung in der Jurist*innenausbildung?, in: Astleitner H., Deibl I., Lagodny O., Warto P., Zumbach J. (Hrsg.), Rechtsdidaktik zwischen Theorie und Praxis, Baden-Baden 2019, 13

Mössner J. M., Der Bologna-Prozess – die Erste Juristische Staatsprüfung auf dem Prüfstand, ZRP 2005, 68

Müglich A., Von Mensch zu Mensch – Brauchen Lehrende emotionale Führungskompetenz?, in: Bergmans B. (Hrsg.), Rechtslehre. Jahrbuch der Rechtsdidaktik/Yearbook of Legal Education 2018/2019, Berlin 2020, 233

Müller K., Bemerkungen zum (juristischen) Prüfungswesen, JuS 2002, 1142

Müller K. R., Neuere Überlegungen zu einer Rechtsdidaktik im Rahmen der „Ausbildung der Ausbilder“, Berufsbildung in Wissenschaft und Praxis 12 (1983), 115

Müller W., Die deutsche Juristenausbildung und Europa, DRiZ 1990, 81

Müller-Graff P.-C., Deutsche Juristenausbildung im internationalen Kontext, in: Baldus C., Finkenauer T., Rüfner T. (Hrsg.), Bologna und das Rechtsstudium, Tübingen 2011, 275

Müller-Piepenkötter R., Bologna und die deutsche Juristenausbildung, RuP 2007, 138

Müller-Piepenkötter R., Die Entwicklung der Juristenausbildung und der Bologna-Prozess, in: Verein Deutscher Verwaltungsrichter (Hrsg.), 16. Deutscher Verwaltungsgerichtstag, Stuttgart 2011, 121

Multrus F., Forschung und Praxis im Studium. Befunde aus Studierendensurvey und Studienqualitätsmonitor, BMBF, Bonn/Berlin 2012

Multrus F., Ramm M., Bargel T., Studiensituation und studentische Orientierungen. 11. Studierendensurvey an Universitäten und Fachhochschulen, BMBF, Bonn 2010

Münch H., Juristenausbildung, Die langen Leiden des alten R., MDR 1992, 123

Münch J., Zwischenprüfung und Schwerpunktbereichsprüfung – Juristenausbildung im Systemumbruch, in: Münch J. (Hrsg.), Die neue Juristenausbildung – Chancen, Perspektiven und Risiken, Stuttgart 2003, 9

Münch I. von, Vorlesung in doppelt flexiblen Gruppen, JZ 1970, 410

Münch I. von, Zur Integrierung von Übungen in Vorlesungen, JZ 1981, 185

Münch, I. von, Prüfungen, NJW 1995, 2016

Münch I. von, Flut und Ebbe in der Juristenausbildungsreform, NJW 1997, 2576

Münch I. von, Juristenausbildung, NJW 1998, 2324

Münch I. von, Juristenausbildung: zwischen Resignation und Hoffnung, in: Erbguth W. u. a. (Hrsg.), Rechtstheorie und Rechtsdogmatik im Austausch. Gedächtnisschrift für B. Jeand'Heur, Berlin 1999, 431

Münch I. von, Legal education and the legal profession in Germany, Baden-Baden 2002

Münchhausen M. von, Püschel I., Lernprofi Jura, München/Pullach 2002

Musil A., Reformbedarf bei der Juristenausbildung, KritV 2017, 121

Mußgnug R., Der Juristen-Freischuss, in: Herrmann D., Tag B. (Bearb.), Die universitäre Juristenausbildung. Empirische und theoretische Analysen zur Studiendauer und Studienleistung, Bonn 1995, 115

Mußgnug R., Juristenausbildung – Qualifikation durch Wissenschaft, JuS 1991, 613

Mußgnug R., Juristische FH-Studiengänge? Contra, Forschung und Lehre Heft 2/2000, 143

Mußgnug R., Würzburger Thesen des Juristen-Fakultätentags zur Juristenausbildung, JuS 1995, 749

Musumeci L., Prüfungsvorbereitung durch Perspektivwechsel: Studierende erstellen Klausuren, ZDRW 2014, 376

Musumeci L., Lernziel- und Kompetenzorientierung am Beispiel des Staatsorganisationsrechts, in: Krüper J., Pilniok A. (Hrsg.), Staatsorganisationsrecht lehren, Baden-Baden 2016, 84

Musumeci L., Lernzieltaxonomien, in: Krüper J., Pilniok A. (Hrsg.), Staatsorganisationsrecht lehren, Baden-Baden 2016, 212

Musumeci L., Schmidt M., Lernen durch Visualisierung: Ein Erfahrungsbericht aus der Lehre, Rechtslehre. Jahrbuch der Rechtsdidaktik 2011, Berlin 2012, 169

Musumeci L., Schmidt M., Die Kompetenz, ein rechtswissenschaftliches Gutachten zu verfassen: Herausforderung und Potenzial für die Lehre, ZDRW 2015, 183

Nasr T., Staatliche Juristenleitbilder von Weimar bis zur Bundesrepublik, Berlin 2021 (Diss. Göttingen 2020)

Navid G., „Wie ist die Rechtslage?" – Ein Podcast für die Studieneingangsphase in der Corona-Pandemie, ZDRW 2022, 188

Navid G., § 5a DRiG n.F. als Ansatz einer neuen Rechtslehre, ZDRW 2022, 279

Neese G., Die Ausbildung für den höheren Verwaltungsdienst in der Bundesrepublik Deutschland, München 1961

Nettersheim G. J., „Lex Rosenburg" und Juristenausbildung. Das Versagen einer Juristengeneration als Lehrstück, NJW 2022, 1075

Neubert C.-W., Horizonte und Erfolgsbedingungen juristischer Bildung im Zeitalter der Digitalisierung, ZDRW 2022, 292

Neue Kriminologische Gesellschaft, Schwerpunktbereiche in der Juristenausbildung und die Zukunft des Wahlfachs Kriminologie – Ergebnisse einer Umfrage 2002/ 2003, https://doi.org/ 10.1515/mks-2003-0022

Neuffer O., Die Bedeutung der Verwaltungsausbildung für den Juristen in der Verwaltung, in: Becker E., Ule C. H. (Hrsg.), Die Verwaltungsausbildung der Juristen. Vorträge und Diskussionsbeiträge der verwaltungswissenschaftlichen Arbeitstagung der Hochschule für Verwaltungswissenschaften Speyer vom 21.–23. Oktober 1964, Berlin 1965, 89

Neuhaus H., Noch einmal: Warum fallen so viele durch das Referendarexamen?, JuS 1988, 747

Neumann P., Studienbegleitende Leistungskontrollen in der Juristenausbildung, DVwBl 102 (1987), 339

Neumann R., Diskriminierung im Examen, DRiZ 2018, 208

Nickel E., Spezialisierung kein Thema für die Ausbildungsreform?, Spezialisierung in der universitären und praktischen Juristenausbildung, Arnoldshainer Protokolle 8/82, hrsg. von der Evangelischen Akademie Arnoldshain, Schmitten 1982, 1

Niebler E., Die einstufige Juristenausbildung in Bayern, DVBl 1973, 114

Niebler E., Die einstufige Juristenausbildung in Bayern, in: Gutjahr-Löser P. (Hrsg.), Neues Recht durch neue Richter? Der Streit um die Ausbildungsreform der Juristen, München/Wien 1975, 18

Niebler E., Erfahrungen mit der einstufigen Juristenausbildung in Augsburg, JuS 1975, 603

Niebler E., Zusammenhang zwischen Abiturnoten und Ergebnis der 1. juristischen Staatsprüfung, JuS 1972, 738

Nieding N. von, Nieding B. von, Berufsmöglichkeiten und Berufsaussichten für Juristen, in: JuS-Studienführer, 4. Aufl., München 1997, 15

Niedostatek A., „Optische Rhetorik“ – Visualisierung als Teil der Rechtsdidaktik?, in: Rechtslehre. Jahrbuch der Rechtsdidaktik 2011, Berlin 2012, 51

Niedostatek A., Lehren im Dialog – Jura für Nichtjuristen aus rechtsdidaktischer Sicht, in: Kokemoor A. u. a. (Hrsg.), Gedächtnisschrift für R. Wörlen, Baden-Baden 2013, 655

Nierhauve C., Rechtsklugheit, Topik und Rhetorik, ZDRW 2016, 102

Niewiarra M., Welchen Ausbildungsstand der deutschen Juristen erwartet die Wirtschaft?, RuP 1990, 97

Noack U., Digitalisierung und Gesellschaftsrecht – und die juristische Lehre, in: B. Dauner-Lieb, A.-M. Kaulbach (Hrsg.), E-Learning im Jurastudium, ZDRW Sonderband 1, 2018, 31

Nocke J., Die Juristenausbildungsreform als Gesetzgebungsexperiment, in: Hassemer W., Hoffmann-Riem W., Limbach J. (Hrsg.), Juristenausbildung zwischen Experiment und Tradition, Baden-Baden 1986, 25

Noll P., Schneider P., Krüger U., Vorschlag zur Reform der ersten juristischen Staatsprüfung, JZ 1968, 372

Noll P., Vorschläge für eine realisierbare Reform des juristischen Studiums an der Universität Mainz, JZ 1965, 17

Noll P., Zur Reform des juristischen Studiums, JZ 1965, 567

Nossek V., Für und Wider das juristische Staatsexamen, Bonner Rechtsjournal (Sonderausgabe) 2016, 31

Notholt J., Online Lernen für Juristen, Saarbrücken 2008 (Diss. Saarbrücken 2006)

Ogorek M., Der universitär-integrierte Jura-Bachelor (LL.B). Eine sinnvolle Weiterentwicklung der Juristenausbildung, BerlAnwBl 2023, 160

Ogorek M., Barthle J., Digitale Transformation und Juristenausbildung – ein Plädoyer, LTZ 2023, 114

Oberndörfer R., Justizgeschichte noch besser vermitteln, DRiZ 2021, 92

Oppermann T., Reform der öffentlich-rechtlichen Wahlfachgruppen?, DÖV 1979, 632

O. V., Beschlüsse des Fakultätentages zu Fragen der Studien- und Prüfungsreform, JZ 1968, 61

O. V., Beschlüsse des Tübinger Fakultätentages (19./20.7.1961) zur Studienreform, JZ Sonderheft, November 1968, 1

O. V., Die Fakultätenkonferenz und die Studienreform, JZ 1955, 446

O. V., Empfehlung des Reformausschusses des Juristischen Fakultätentags zur Einheit der juristischen Ausbildung und zur Referendarausbildung, JuS 1970, 258

O. V., Entschließung der Fakultätenkonferenz zur juristischen Studienreform, JZ 1957, 116

O. V., Entwurf eines Gesetzes zur Einführung einer Spartenausbildung in der Juristenausbildung, AnwBl 2007, 45

O. V., Hamburger Modell einer einstufigen Juristenausbildung, JuS 1970, 482

O. V., Initiative namhafter Juristen aus Wissenschaft, Rechtsprechung, Rechtspraxis und Verwaltung für eine Reform des juristischen Studiums, NJW 1997, 2935

O. V., Integrationsmodell des Deutschen Juristenverbandes für die Reform der Juristenausbildung, JuS 1970, 487

O. V., Leitsätze zur Reform der Juristenausbildung. Arbeitsergebnis der vom Bundesvorstand des ASJ eingesetzten Kommission, RuP 1970, 41

O. V., Mainzer Beschlüsse des Reformausschusses des Juristischen Fakultätentags zur Fortführung der Studienrefom vom 13./14.2.1970, in JuS 1970, 363

O. V., Mainzer Beschlüsse zur Neufassung der Münchener Beschlüsse, soweit diese den Prüfungsstoff betreffen, JZ 1969, 62

O. V., Mainzer Empfehlungen des Juristischen Fakultätentags für die Strukturierung des Lehr- und Lernstoffes vom 3./.4.7.1970, JuS 1970, 649

O. V., Materialien zur Ausbildungsreform. Reformkonzepte des Bundesreferendarverbandes, RuP 1970, 160

O. V., Münchener Beschlüsse zur Fortführung der Studienreform vom 16./17. Februar 1968, JZ 1968, 223

O. V., Neue Perspektiven einer Ausbildungsreform, (Papier des studentischen Heidelberger Arbeitskreises), JuS 1990, 515

O. V., Neuregelung der Juristenausbildung. Der Regierungsentwurf läßt viele Wünsche offen, DRiZ 1984, 25

O. V., Probleme der juristischen Ausbildung in der Verwaltung, Vorträge und Diskussionsbeiträge der verwaltungswissenschaftlichen Arbeitstagung der Hochschule für Verwaltungswissenschaften Speyer am 26. und 27. September 1962, Berlin 1963

O. V., Spartenausbildung in der Juristenausbildung, AnwBl 2006, 36

Obergfell E. I., Der Gang zum Repetitor – Umweg oder Abkürzung auf dem Weg zum Examen, JuS 2001, 622

Oebbecke J., Festansprache, in: Pieroth B. (Hrsg.), Juristenausbildung zwischen Staat und Hochschule, Heidelberg 2003, 25

Oebbecke J., Juristenausbildung zwischen Staat und Hochschule, JR 2003, 397

Oehler D., In welcher Weise empfiehlt es sich, die Ausbildung der Juristen zu reformieren?, Verhandlungen des Achtundvierzigsten Deutschen Juristentages. Mainz 1970, hrsg. von der ständigen Deputation des Deutschen Juristentages, Band I, München 1970, E 1

Oelkers J., Kraus P. A., Problembasiertes Lernen (PBL) in der rechtswissenschaftlichen Lehre, ZDRW 2014, 142

Öller T., „Whip the Votes!“ – Planbeispiel als hochschuldidaktisches Lehrformat im Verfassungsrecht, ZDRW 2019, 258

Öller T., „Café Ius" – Innovative Fallübung im öffentlichen Recht, ZDRW 2021, 169

Oppermann B., Die Rechtsausbildung, deren Reform und der Juristenberuf, in: Giehring H., Haag F., Hoffmann-Riem W., Ott C. (Hrsg.), Juristenausbildung – neu überdacht. Erfahrungen aus der einstufigen Juristenausbildung als Grundlage für eine weiterhin anstehende Reform, Baden-Baden 1990, 23

Oppermann T., Das Europarecht in der deutschen Juristenausbildung, in: Bernhardt R. (Hrsg.), Das internationale Recht in der Juristenausbildung, Heidelberg 1981, Berichte der Deutschen Gesellschaft für Völkerrecht Bd 21, 25

Oppermann T., Öffentliches Recht, Staatswissenschaften und Sozialwissenschaften, JZ 1967, 721

Oppermann T., Recht- und Staatsschule? Sieben Thesen zur Diskussion, JZ 1969, 67

Ost F., van Hoecke M., Für eine europäische Juristenausbildung, JZ 1990, 911

Osterkamp T., Giesen T., Forum: Rechtsphilosophie – Orchideenfach oder juristische Grundausstattung? Ein Plädoyer für die Grundlagenfächer, Jus 2004, 657

Osterkamp T., Giesen T., Zur Didaktik des Fachs „Rechtsphilosophie" – Ein Fragebogen, JuS 2004, 737

Ostertag J. R., Legal education in Germany and the United States – A structural comparison, 26 Vand. J. Transnat.'l L. 301 (1993)

Ott C., Pflichtfächer und Wahlschwerpunkte im Curriculum der Juristenausbildung, in: Giehring H., Haag F., Hoffmann-Riem W., Ott C. (Hrsg.), Juristenausbildung – neu überdacht. Erfahrungen aus der einstufigen Juristenausbildung als Grundlage für eine weiterhin anstehende Reform, Baden-Baden 1990, 48

Otto C. H., Der Studienanfang: Darstellung eines hochschuldidaktischen Problems mit einer empirischen Untersuchung zu Studienschwierigkeiten bei Juristen, Medizinern und Sozialwissenschaftlern, Diss. Kiel 1976

Ott H., Recht als neue Dimension schulischen Lernens mit Unterrichtsbeispielen, Stuttgart 1975

Otto J., Intradisziplinarität in der Lehre, ZDRW 2020, 214

Paal B. P., Legal Clinics als Element der universitären Juristenausbildung. Wie die Anwaltschaft von der studentischen Rechtsberatung profitieren kann, AnwBl 2017, 956

Pabst F., Slupik V., Das Frauenbild im zivilrechtlichen Schulfall. Eine empirische Untersuchung, zugleich ein Beitrag zur Kritik gegenwärtiger Rechtsdidaktik, KJ 1977, 242

Paesold B., Jurist*innen an der Schule – quo vadis?, in: Astleitner H., Deibl I., Lagodny O., Warto P., Zumbach J. (Hrsg.), Rechtsdidaktik zwischen Theorie und Praxis, Baden-Baden 2019, 169

Lagodny O., Warto P., Zumbach J. (Hrsg.), Rechtsdidaktik zwischen Theorie und Praxis, Baden-Baden 2019, 169

Paetow-Thöne B., Pollähne H., Experiment gelungen – Patient tot? Einphasenausbildung: eine Reform, die nicht stattfand, FoR 1990, 12

Paintner B., Mock Trials – Simulation eines Zivilprozesses, ZDRW 2015, 301

Paintner B., Prozesstraining – Verknüpfung von Schlüsselqualifikationen und Pflichtstoff, in: Kramer U., Kuhn T., Putzke H. (Hrsg.), Was muss Juristenausbildung heute leisten?, Stuttgart 2019, 190

Palm H., Gedanken zur Reform der Juristenausbildung, JVBI 1970, 193 und 217

Palm H., Gedanken zum Einheitsjuristen, JZ 1990, 609

Pannen R., Rechtsdidaktik – aktuelle Entwicklungen und Ansatzpunkte für eine Weiterentwicklung der Lehre, RPflStud 2015, 165

Pannen R., Dyrchs P., Lehren und Lernen an der Fachhochschule für Rechtspflege NRW (Fachbereich Rechtspflege), in: Bergmans B. (Hrsg.), Jahrbuch der Rechtsdidaktik/Yearbook of Legal Education 2015, Berlin 2016, 43

Panz W., Verwaltung und Verwaltungsrecht in der zweiten juristischen Staatsprüfung, in: Becker E., Ule C. H. (Hrsg.), Die Verwaltungsausbildung der Juristen. Vorträge und Diskussionsbeiträge der verwaltungswissenschaftlichen Arbeitstagung der Hochschule für Verwaltungswissenschaften Speyer vom 21.–23. Oktober 1964, Berlin 1965, 69

Papier H. J., Schröder M., Plädoyer für die juristische Staatsprüfung, NJW 2012, 2860

Paul L., Sprachkritik in der Juristenausbildung: Ein didaktisches Kapitel für sich, in: Bundeszentrale für politische Bildung (Hrsg.), Recht und Sprache, Bonn 1983, 115

Paulus C., Schlüsselqualifikationen im Studieninhalt, in: Römermann V., Paulus C. (Hrsg.), Schlüsselqualifikationen für Jurastudium, Examen und Beruf, München 2003, 1

Paus J.-B., Digitale Lehre ad hoc – Arbeitsgemeinschaften unter Corona-Einfluss, ZDRW 202, 474

Payandeh M., Struktur und Gegenstand eines Curriculums Völker- und Europarecht, in: Krüper J. (Hrsg.), Rechtswissenschaft lehren. Handbuch der juristischen Fachdidaktik, Tübingen 2022, § 20

Pawlowski H. M., Der „Reform-Studienplan für das Studium der Rechtswissenschaft an der Universität Mannheim (Wirtschaftshochschule)“, JuS 1968, 51

Pérez Hurtado L. F., El sistema de enseñanza del derecho y acceso a las profesiones jurídicas en Alemania, in: Bergmans B. (Hrsg.), Jahrbuch der Rechtsdidaktik/Yearbook of Legal Education 2017, Berlin 2018, 49

Pernice-Warnke S., Strukturierte Praktikumsbetreuung – Modell einer sinnvollen didaktischen Verknüpfung von Studium und praktischer Studienzeit, in: Brockmann J., Pilniok A. (Hrsg.), Studieneingangsphase in der Rechtswissenschaft, Baden-Baden 2014, 454

Perschel W., Rechtsdidaktik als politisches Problem, Recht der Jugend und des Bildungswesens 1976, 31

Peschel-Gutzeit L. M., Die Initiative der Konferenz der Justizministerinnen und Justizminister zur Reform der Juristenausbildung: eine Zwischenbilanz, RuP 2000, 7

Petersen J., Die mündliche Prüfung im ersten juristischen Staatsexamen, Berlin 2005

Pfaff A., Verständnisorientierte Wiederholung: Gruppenbildungsübung in Arbeitsgemeinschaften, ZDRW 2019, 342

Pfaff A., Perspektiv- und Rollenwechsel in einer multimedialen Arbeitsgemeinschaft im Strafrecht, ZDRW 2019, 365

Pfeifer F., Zum Stand des Reformbedarfs in der Juristenausbildung: Anwaltsorientierung, Bonner Rechtsjournal (Sonderausgabe) 2016, 8

Pfeifer F., Gries-Redeker S., Exzellente Ausbildung für exzellente Anwältinnen und Anwälte. Reformbedarf in der Juristenausbildung: Anwaltsorientierung, AnwBl 2016, 716

Pfeiffer T., Wird der Juristenausbildung der Bologna-Prozess gemacht? NJW 2005, 2281

Pfeiffer T., Probleme alla bolognese: Juristenausbildung und Bologna, Rechtswissenschaft 2010, 104

Philipps L., Alternativen in der Multiple-Choice-Aufgabe und in der juristischen Entscheidungssituation, FernUni Hagen 1982

Philipps L., Aufgabenform und Auswertungsmodus bei Multiple-Choice-Aufgaben, DVR 7 (1978), 341

Philipps L., Testaufgaben in der Rechtswissenschaft: Konstruktionsprinzipien und Auswertung durch den Computer, Heidelberg 1978

Piekenbrock A., Legal clinics im JuraStudium und rechtlicher Rahmen im RDG, AnwBl 2011, 848

Pieper S. U., Leid und Elend der Referendarzeit, ZRP 1989, 201

Pieroth B., Literarische Streifzüge durch die Geschichte der Juristenausbildung in Deutschland, in: Gornig G. H., Kramer U., Volkmann U. (Hrsg.), Staat: Wirtschaft: Gemeinde. Festschrift für W. Frotscher zum 70. Geburtstag, Berlin 2007, 795

Pieroth B., Einführungsrede, in: Ders. (Hrsg.), Juristenausbildung zwischen Staat und Hochschule. Dokumentation der 100-Jahr-Feier der Rechtswissenschaftlichen Fakultät Münster und des Justizprüfungsamts Hamm, Heidelberg 2003, 3

Pieroth B., Juristische Staatsexamina und Repetitoren im literarischen Zeugnis, NJW 2012, 725

Pieroth, B., Deutsche Juristenausbildung im Wandel Der Zeiten, in: Ders., Deutsche Schriftsteller als angehende Juristen, Berlin/Boston 2018, XVII–XXXVI. https://doi.org/10.1515/9783110617337-003

Pilniok A., Das rechtswissenschaftliche Studium in der Organisationsgesellschaft: Überlegungen zu Methodik und Didaktik der Analyse und Gestaltung von Organisation und Verfahren, in: Hof. H., Götz von Olenhusen P. (Hrsg.), Rechtsgestaltung – Rechtskritik – Konkurrenz von Rechtsordnungen … Neue Akzente in der Juristenausbildung, Baden-Baden 2012, 450

Pilniok A., Rechtswissenschaftliche Fachdidaktik als Reflexion der Rechtswissenschaft, in: Griebel J. Gröblinghoff F. (Hrsg.), Von der juristischen Lehre. Erfahrungen und Denkanstöße, Baden-Baden 2012, 17

Pilniok A., Die Rechtswissenschaft sichtbar machen: Das juristische Studium zwischen Forschungsorientierung und Praxisbezug, in: Tremp P. (Hrsg.), Forschungsorientierung und Berufsbezug im Studium, Bielefeld 2015, 127

Pilniok A., Querschnittscurriculum Organisationsrecht, in: Krüper J. (Hrsg.), Rechtswissenschaft lehren. Handbuch der juristischen Fachdidaktik, Tübingen 2022, § 22

Pilniok A., Strukturen juristischen Wissens, in: Krüper J. (Hrsg.), Rechtswissenschaft lehren. Handbuch der juristischen Fachdidaktik, Tübingen 2022, § 8

Pilniok A., KI vor den Toren der Jurisprudenz, ZDRW 2023, 87

Pilniok A., Brockmann J., Dietrich J. H., Juristische Lehre neu denken: Plädoyer für eine rechtswissenschaftliche Fachdidaktik, in: Brockmann J., Dietrich J. H., Pilniok A. (Hrsg.), Exzellente Lehre im juristischen Studium. Auf dem Weg zu einer rechtswissenschaftlichen Fachdidaktik, Baden-Baden 2011, 9

Pilniok A., Brockmann J., Studieneingangsphase in der Rechtswissenschaft: Sozialisation, Selbstorganisation, Studienerfolg, in: Brockmann J., Pilniok A. (Hrsg.), Studieneingangsphase in der Rechtswissenschaft, Baden-Baden 2014, 11

Pilniok A., Szabó L., Staatsorganisationsrecht im juristischen Curriculum, in: Krüper J., Pilniok A., (Hrsg.), Staatsorganisationsrecht lehren, Baden-Baden 2016, 65

Pilniok A., Trute H.-H., Die externe Governance der Promotionsphase: Wer setzt die Standards?, in: Brockmann J., Pilniok A., Trute H.-H., Westermann E. (Hrsg.), Promovieren in der Rechtswissenschaft. Zwischen Individualbetreuung und strukturierten Programmen, Baden-Baden 2015, 137

Pilniok A., Trute H.-H., Welche Rolle für Politikwissenschaft und Soziologie im juristischen Studium? Zur Didaktik der fächerübergreifenden Zusammenarbeit mit der Rechtswissenschaft, in: Hof H., Götz von Olenhusen P. (Hrsg.), Rechtsgestaltung – Rechtskritik – Konkurrenz von Rechtsordnungen … Neue Akzente in der Juristenausbildung, Baden-Baden 2012, 174

Pimont S., Was es bedeutet, Europäisches Vertragsrecht zu lehren, Jahrbuch der Rechtsdidaktik/Yearbook of Legal Education 2017, 143

Pint R., Kann ein Lernjournal die Falllösungskompetenz der Studierenden in juristischen Lehrveranstaltungen fördern?, in: Warto P., Zumbach J., Lagodny O., Astleitner H. (Hrsg.), Rechtsdidaktik – Pflicht oder Kür?, Baden-Baden 2017, 259

Pittl R., Gradl L. R., Vom Studium zur Forschung: Nachwuchsförderung im Seminar?, in: Astleitner H., Deibl I., Lagodny O., Warto P., Zumbach J. (Hrsg.), Rechtsdidaktik zwischen Theorie und Praxis, Baden-Baden 2019, 45

Pollähne H., Juristenausbildung in der Bundesrepublik Deutschland: von Reformphasen und Phasenreformen, in: Bergmans B. (Hrsg.), Rechtslehre. Jahrbuch der Rechtsdidaktik/Yearbook of Legal Education 2013/2014, Berlin 2015, 37

Pollähne H., Schäfer-Eikermann R. (Forum Recht/BAKJ, Hg.), Reform! statt Modernisierung. Kongress zur Zukunft der juristischen Ausbildung (Dokumentation), Bielefeld 1990

Ponschab R., Schweitzer A. (Hrsg.), Schlüsselqualifikationen, Köln 2008

Popp W., Schlink B., Skizze eines intelligenten juristischen Informationssystems, DVR 4 (1975), 1

Portele G., Zur Verbesserung des Rechtsstudiums, JZ 1953, 301

Portele G., Schütte W., Juristenausbildung und Beruf. Berufswahl und Bildungsbiographie bei Absolventen der einstufigen und zweistufigen Juristenausbildung in Hamburg, Hamburg 1983

Pötter W., Verwaltung und Verwaltungsrecht in der zweiten juristischen Staatsprüfung, in: Becker E., Ule C. H. (Hrsg.), Die Verwaltungsausbildung der Juristen. Vorträge und Diskussionsbeiträge der verwaltungswissenschaftlichen Arbeitstagung der Hochschule für Verwaltungswissenschaften Speyer vom 21.–23. Oktober 1964, Berlin 1965, 53

Podszun R., Kartellrecht unterrichten, ZDRW 2017, 224

Preuschen A. von, Anwaltsorientierung an den juristischen Fakultäten – Ergebnisse der BRAK-Umfrage, BRAK-Mitt. 2006, 244

Pringsheim F., Rechtserziehung und politisches Denken. Worte an deutsche Studenten, Freiburg 1960

Pridik N., Impulse aus der Praxis der Rechtsvisualisierung für die Rechtsdidaktik, in: Bergmans B. (Hrsg.), Jahrbuch der Rechtsdidaktik/Yearbook of Legal Education 2018/2019, Berlin 2020, 241

Pringsheim F., Zur Verbesserung des Rechtsstudiums, JZ 1953, 301

Professorium der Juristischen Fakultät Bochum, Erklärung zur Reform der Juristenausbildung, ZDRW 2017, 90

Prömse, J., Eine reflexive Praxis für Juristen. Anstoß zur Reflexion über die praktische Rechtsanwendung, Diss. Universität zu Köln 2017

Proppe H., Reform der Juristenausbildung – eine „unendliche Geschichte", JA 1999, 348

Prost G., Der ‚Wirtschaftsjurist' – ein neuer Beruf? Zur Frage der Sonderausbildung für Juristen, JZ 1955, 490

Prümm H. P. (Hrsg.), ‚Studentische Rechtsberatung – StuR an der HWR Berlin, Hochschule für Wirtschaft und Recht, Beiträge aus dem Fachbereich Allgemeine Verwaltung, Berlin 2010 (Download unter www.hwr-berlin.de)

Prümm H. P. (Hrsg.), Handbuch Studentische Rechtsberatung – StuR an der HWR Berlin, 3. Aufl., Berlin 2013

Prümm H. P., Die didaktische Wende der deutschen Rechtsmethodik, in: Rechtslehre. Jahrbuch der Rechtsdidaktik 2011, Berlin 2012, 21

Prümm H. P., Eckebrecht M. (Hrsg.), Rechtswissenschaft (Ius LL.B.). Das Konzept, Norderstedt 2008

Prümm H. P., Einführung in das Ius-Studium – Ein rechtsdidaktischer Bericht aus der Praxis, in: Rechtslehre. Jahrbuch der Rechtsdidaktik 2012, Berlin 2013, 155

Prümm H. P., Juristische Bachelor – Ausbildung an Fachhochschulen, Die Neue Hochschule 6/2007, 24

Prümm H. P., Ökonomisierung und Kommerzialisierung der akademischen juristischen Ausbildung oder: Das didaktische Verschwinden der Gerechtigkeit, in: Bergmans B. (Hrsg.), Jahrbuch der Rechtsdidaktik/Yearbook of Legal Education 2015, Berlin 2016, 11

Prümm H. P., Studentische Rechtsberatung (StuR) aus entscheidungstheoretischer und schlüsselqualifikatorischer Sicht, Zeitschrift für praktische Rechtswissenschaft 2014, 53

Prümm H. P., Was die deutsche von der anglo-amerikanischen Rechtslehre lernen kann, in: Kokemoor A. u.a. (Hrsg.), Gedächtnisschrift für R. Wörlen, Baden-Baden 2013, 685

Prümm H. P., Rechtsdidaktik als Grundlage der Rechtslehre als Grundlage der Rechtsarbeit, in: Warto P., Zumbach J., Lagodny O., Astleitner H. (Hrsg.), Rechtsdidaktik – Pflicht oder Kür?, Baden-Baden 2017, 67

Prütting H., Folgen der Globalisierung für die Juristenausbildung, in: Murakami J., Marutschke H.-P., Riesenhuber K., (Hrsg.), Globalisierung und Recht. Beiträge Japans und Deutschlands zu einer internationalen Rechtsordnung im 21. Jahrhundert, Berlin 2007, 241

Prütting H., Probleme der Modularisierung der Schwerpunktbereiche: Das Kölner Modell – Vielfalt und Praxisorientierung, in: Münch J. (Hrsg.), Die neue Juristenausbildung – Chancen, Perspektiven und Risiken, Stuttgart 2003, 65

Prütting H., Risiken der neuen Juristenausbildung, Nordrhein-Westfälische Verwaltungsblätter 2003, 377

Pürner S., Die Juristenausbildung in Deutschland. Vorbild für ehemals sozialistische Transformationsstaaten?, BRJ 2019, 130

Püttner G., Das „Wiesbadener Modell“ einer einphasigen Juristenausbildung, ZRP 1973, 302

Püttner G., Die einstufige Juristenausbildung in Hessen, in: Gutjahr-Löser P. (Hrsg.), Neues Recht durch neue Richter? Der Streit um die Ausbildungsreform der Juristen, München/Wien 1975, 77

Quambusch E., Wirtschaftsjuristen von Fachhochschulen? JA 1994, 433 und 519

Raabe O., Der Einsatz netzbasierter Lernmaterialien in der juristischen Ausbildung am Beispiel einer Vorlesung im Internetrecht, JurPC Web-Dok 30/2003, Abs. 1–50, www.jurpc.de/auf satz/ 20030030.htm, DOI 10.7328/jurpcb/2003186150

Raab-Gaudin U., Die Erste Juristische Staatsprüfung aus der Sicht von Praktiker-Prüfern, in: Kramer U., Kuhn T., Putzke H. (Hrsg.), Fehler im Jurastudium. Ausbildung und Prüfung, Stuttgart 2012, 90

Rabe H. J., Juristenausbildung – da capo!, NJW 2010, 12

Rabe H. J., Juristenausbildung – Reform der Reform von 2003, AnwBl 2013, 719

Rabe H. J., Juristenausbildung – semper reformandum. Positionen des Deutschen Anwaltsvereins, in: HRK-projekt nexus (Hrsg.), Juristenausbildung heute. Zwischen Berlin und Bologna, Bonn 2014, 14

Radbruch G., Die Universität und die Ausbildung der Juristen. Juristische Studienreform, in: Strempel D. (Hrsg.), Juristenausbildung zwischen Internationalität und Individualität – auch ein Problem der Gesetzgebung, Baden-Baden 1998, 263

Radtke H., Absprachen im Strafverfahren, in: Hof H., Götz von Olenhusen P. (Hrsg.), Rechtsgestaltung – Rechtskritik – Konkurrenz von Rechtsordnungen ... Neue Akzente in der Juristenausbildung, Baden-Baden 2012, 400

Raisch P., Welke-Chlosta R, Chlosta W., Didaktik des Rechtskundeunterrichts. Kurseinheit 1-3, Fernuniversität – Gesamthochschule Hagen 1980

Raiser L., Die Rechtswissenschaft im Gründungsplan für Konstanz, JZ 1966, 86

Raiser T., Staatsexamen oder Diplom? Richtige und falsche Alternativen in der Diskussion um die Reform der Juristenausbildung – 10 Thesen, JZ 1990, 741

Raiser T., Reform der Juristenausbildung: Förderung von Beratungs- und Gestaltungsaufgaben als Ziel der Juristenausbildung, ZRP 2001, 418

Raiser T., Rechtssoziologie als Grundlagenfach in der Juristenausbildung, in: Ders., Beiträge zur Rechtssoziologie, Baden-Baden 2011, 307

Raiser T., Rechtssoziologie als Grundlagenfach in der Juristenausbildung, in: Dreier H. (Hrsg.), Rechtssoziologie am Ende des 20. Jahrhunderts, Tübingen 2000, 323

Ramm R., Das juristische Studium im Medienverbund, München 1971

Ramm T., Zu den Münchener Studienreformbeschlüssen, JZ 1968, 294

Ramm T., Zu den „Mainzer Beschlüssen“, JZ 1969, 65

Ramm T., Die Integration von Theorie und Praxis in der juristischen Ausbildung. – Modell Arbeitsrecht -, in: Loccumer Protokolle 15/1969, Reform der juristischen Ausbildung, Tagung vom 24.-27. Oktober 1969, Evangelische Akademie Loccum, 1969, 30

Ramm T., Mut zur großen Reform!, RuP 1970, 84

Ramm T., Reform und keine Revolution, in: Loccumer Arbeitskreis (Hrsg.), Neue Juristenausbildung. Materialien des Loccumer Arbeitskreises zur Reform der Juristenausbildung, Neuwied 1970, 77

Ramm T., Urteilskritik und Urteilsanalyse als juristische Lehrveranstaltung, JuS 1971, 326

Ramm T., Zur Reform der Juristenausbildung, RuP 1972, 71

Ramm T., Besser keine Reform als diese! Zu den Zwangsverkürzungsempfehlungen der DJT-Abteilung „Juristenausbildung" FoR 1990, 135

Range H., Europarecht in der Juristenausbildung – Eine Notwendigkeit auch im Strafrecht, in: Hof. H., Götz von Olenhusen P. (Hrsg.), Rechtsgestaltung – Rechtskritik – Konkurrenz von Rechtsordnungen … Neue Akzente in der Juristenausbildung, Baden-Baden 2012, 107

Ranieri F., Juristen für Europa: Wahre und falsche Probleme in der derzeitigen Reformdiskussion zur deutschen Juristenausbildung, JZ 1997, 801

Ranieri F., Juristenausbildung und Richterbild in der europäischen Tradition, DRiZ 1998, 285

Ranieri F., Reform der Juristenausbildung ohne Ende?, JZ 1998, 831

Ranieri F., Der Computer, mein Repetitor, JZ 2001, 856

Ranieri F., Juristen für Europa: Voraussetzungen und Hindernisse für ein „europäisches" juristisches Ausbildungsmodell, Berlin 2006

Ranieri F., Obligationenrecht: Eine rechtsvergleichend-historische Annäherung an das Schuldrecht als Modell einer internationalen Ausbildung, in: Bergmans B. (Hrsg.), Jahrbuch der Rechtsdidaktik/Yearbook of Legal Education 2017, Berlin 2018, 127

Rass J., Garbe T., Assessorenfortbildung zur Psychologie der Aussagebeurteilung, ZDRW 2020, 142

Rawert P., Vertragsgestaltung durch Private, in: Hof H., Götz von Olenhusen P. (Hrsg.), Rechtsgestaltung – Rechtskritik – Konkurrenz von Rechtsordnungen … Neue Akzente in der Juristenausbildung, Baden-Baden 2012, 58

Redeker K., Bemerkungen zur Referendarausbildung, JZ 1955, 575

Redeker K., Die gegenwärtige Ausbildung ist überholt, DRiZ 1996, 466

Redeker K., Juristenausbildung: Neue Reformversuche?, NJW 1997, 1951

Redeker K., Neue Anläufe zu einer Reform der Juristenausbildung: zum 62. Deutschen Juristentag, Bremen 22. bis 25. September 1998, AnwBl 1998, 225

Rehbinder E., Anmerkungen zum Studium der Rechtswissenschaften, in v. Hentig H, Huber L., Müller P. (Hrsg.), Wissenschaftsdidaktik, Göttingen 1970, 131

Rehbinder E., Die Rolle der Vertragsgestaltung im zivilrechtlichen Lehrsystem, AcP 1974, 265

Rehr R., Tamburo V., Plädoyer für einen starken Schwerpunkt: Stellungnahme zum Bericht des Ausschusses der Konferenz der Justizministerinnen und Justizminister zur Harmonisierung der Juristenausbildung (KOA). Teilbericht: Schwerpunktbereichsprüfung, JuS 2017, 72

Reich N., Vanistendael F., Bologna und der Euro-Jurist – Wie kann die Juristenausbildung in Europa (wieder) wettbewerbsfähig werden?, ZRP 2002, 268

Reichhold I., Rothe K., Planung, Organisation und Durchführung einer Feministischen Spring School zum Arbeits- und Sozialrecht, ZDRW 2024, 272

Reiff H., Nochmals: Über die Ausbildung für den höheren Verwaltungsdienst, BaWüVBl 1961, 81

Reifner U., Juristenausbildungsdiskussion am Ende? ZRP 1999, 43

Reimer R. T. H., Zwickel M., E-Learning und Selbstlernkompetenzen im Jurastudium, in: Bleckmann F. (Hrsg.), Selbstlernkompetenzen im Jurastudium. Bedeutung – Praxis – Perspektiven, Stuttgart 2015, 115

Reimer P., Rechtsdidaktik und Wissenschaftstheorie, in: Krüper J. (Hrsg.), Rechtswissenschaft lehren. Handbuch der juristischen Fachdidaktik, Tübingen 2022, § 7

Reindl H., Der lernzielorientierte Rechtsunterricht in den deutschen Streitkräften, 17 Mil. L. & L. War Rev. 473 (1978)

Reinelt A., Tagungsbericht – Zukunft der rechtswissenschaftlichen Fachdidaktik in Bochum am 21. und 22.11.2024, ZDRW 2024, 377

Reiner G., Juristische Didaktik und E-Lernen: theoretische Konzeption und Anwendungsbeispiele, JurPC Web-Dok. 160/2007, Abs. 1–49, http://www.jurpc.de/aufsatz/20070160.htm, DOI 10.7328/jurpcb/20072210159

Reiner G., Rechtswissenschaftliche Lehre für Nichtjuristen – zu den Aufgaben einer juristischen Fachdidaktik, in: Brockmann J., Dietrich J. H., Pilniok A. (Hrsg.), Exzellente Lehre im juristischen Studium. Auf dem Weg zu einer rechtswissenschaftlichen Fachdidaktik, Baden-Baden 2011, 229

Reiner G., Juristisches Denken bei und für Juristen und Nichtjuristen – ein funktioneller Blick von außen, in: Kramer U., Kuhn T., Putzke H. (Hrsg.), Was muss Juristenausbildung heute leisten?, Stuttgart 2019, 218

Reinhardt R., Gedanken zur Ordnung des juristischen Studiums, in: Esser J., Thieme H. (Hrsg.), Festschrift für Fritz von Hippel zum 70. Geburtstag, Tübingen 1967, 343

Reinhardt R., Zur Reform des juristischen Studiums, studium generale 16 (1963), 76

Reinheimer W., Die Bedeutung des Verwaltungsjuristen für die Justiz, in: Becker E., Ule C. H. (Hrsg.), Die Verwaltungsausbildung der Juristen. Vorträge und Diskussionsbeiträge der verwaltungswissenschaftlichen Arbeitstagung der Hochschule für Verwaltungswissenschaften Speyer vom 21.–23. Oktober 1964, Berlin 1965, 119

Reis O., Die juristische Staatsprüfung ein Stein des Anstoßes?! Ein Hochschuldidaktischer Blick, in: Hochschulrektorenkonferenz (Hrsg.), Juristenausbildung heute. Zwischen Berlin und Bologna, Bonn 2014, 26, www.hrk-nexus.de/fileadmin/redaktion/hrk-nexus/07-Downloads/07-02-Publikationen/140618_HRK_Juristenausbildung_web.pdf

Reis O., Prüfen aus Sicht der Hochschuldidaktik. Ein Blick auf das rechtswissenschaftliche Studium, in: Brockmann J., Pilniok A. (Hrsg.), Prüfen in der Rechtswissenschaft – Probleme, Praxis und Perspektiven, Baden-Baden 2013, 29

Reiß M., Projekt „Planspiel Strafprozessrecht – von der Tat zum Urteil", ZDRW 2014, 150

Reiß M., Sprachliche und fachsprachliche Textgestaltung als Fehlerquellen im juristischen Studium, in: Kramer U., Kuhn T., Putzke H. (Hrsg.), Fehler im Jurastudium. Ausbildung und Prüfung, Stuttgart 2012, 59

Reiß M., Examensvorbereitung: Was das Lehren lehrt, in: Griebel J., Gröblinghoff F., Kuhn T., Schimmel R. (Hrsg.), Rechtsdidaktik. Erreichtes – Misslungenes – Zukünftiges, Baden-Baden 2023, 291

Reißmann A., Innovative Lehrformate für die Didaktik der Völkerrechtswissenschaft, in: Hobe S., Maraun T. (Hrsg.), Lehre des internationalen Rechts – zeitgemäß?, Berichte der Dt. Gesellschaft für Internationales Recht Bd. 48, Heidelberg 2017, 75

Repgen T., „Rerum cognoscere causas" – Überlegungen zum Promotionsstudium, in: Brockmann J., Pilniok A., Trute H.-H., Westermann E. (Hrsg.), Promovieren in der Rechtswissenschaft. Zwischen Individualbetreuung und strukturierten Programmen, Baden-Baden 2015, 11

Reuß P. M., Templeton M., Interaktives Falltraining – Ein Beitrag zur Digitalisierung der Juristenausbildung, LRZ 2023, Rn. 417, www.lrz.legal/2023Rn417.

Rheinisch-Westfälische Akademie der Wissenschaften (Hrsg.), Einstufige Juristenausbildung. Kolloquium über die Entwicklung und Erprobung des Modells im Land Nordrhein-Westfalen, Opladen 1975

Richter I., Leistungsbewertung in der juristischen Ausbildung, in: Giehring H., Haag F., Hoffmann-Riem W., Ott C. (Hrsg.), Juristenausbildung – neu überdacht. Erfahrungen aus der einstufigen Juristenausbildung als Grundlage für eine weiterhin anstehende Reform, Baden-Baden 1990, 344

Richter I., Wissensvermittlung und Examensvorbereitung durch Lehrmaschinen, JZ 1965, 311

Richter R., Rechtswissenschaftliche Ausbildung in Rostock, JuS 1991, 873

Richter W., In welcher Weise empfiehlt es sich, die Ausbildung der Juristen zu reformieren?, Verhandlungen des Achtundvierzigsten Deutschen Juristentages, Mainz 1970, hrsg. von der ständigen Deputation des Deutschen Juristentages, Band I, München 1970, F 1

Richter W., Das „Bremer Modell“ der einstufigen Juristenausbildung, JZ 1973, 356

Richter W., Rückkehr zur einheitlichen Juristenausbildung?, in: Merten D. (Hrsg.), Probleme der Juristenausbildung. Vorträge des 11. Sonderseminars 1978 der Hochschule für Verwaltungswissenschaften Speyer, Berlin 1980, 107

Ridder H., Bemerkungen zur Reform des juristischen Studiums, JZ 1956, 525

Riechelmann F., Zweifel an der Verfassungsmäßigkeit „halber“ Punkte – oder: Worin liegt der Zweck des Prüfungsverfahrens?, in: Kramer U., Kuhn T., Putzke H. (Hrsg.), Fehler im Jurastudium. Ausbildung und Prüfung, Stuttgart 2012, 102

Riedel J., Das Zurichten des Sachverhalts, in: Hof H., Götz von Olenhusen P. (Hrsg.), Rechtsgestaltung – Rechtskritik – Konkurrenz von Rechtsordnungen ... Neue Akzente in der Juristenausbildung, Baden-Baden 2012, 430

Riedel J., Schwerpunktbereichsprüfung und Pflichtfachprüfung – Verhältnis, Vorgaben, Freiheiten, in: Münch J. (Hrsg.), Die neue Juristenausbildung – Chancen, Perspektiven und Risiken, Stuttgart 2003, 27

Riegner M., Dann P., Recht und Entwicklung als Gegenstand der Juristenausbildung: Konturen und Didaktik eines intra- und interdisziplinär vernetzen Studienfachs, Verfassung und Recht in Übersee 2008, 309

Rieth H., Nochmals, Verfremdete Ausbildungsinhalte, JuS 1975, 409

Riha J., BWL und VWL für Juristen: Ergebnisse einer Bildungsbedarfsanalyse im Studiengang Wirtschaftsrecht, ZDRW 2014, 160

Riha J., Jura für Betriebswirte, Baden-Baden 2017

Rinken A. (Hrsg.), Der neue Jurist. Materialien zur reformierten Juristenausbildung in Bremen, Neuwied 1973

Rinken A., Die einstufige Juristenausbildung in Bremen, JuS 1974, 538

Rinken A., Nochmals, Die einstufige Juristenausbildung in Bremen, JuS 1974, 818

Rinken A., Restauration oder Reform der Juristenausbildung?, in: Merten D. (Hrsg.), Probleme der Juristenausbildung. Vorträge des 11. Sonderseminars 1978 der Hochschule für Verwaltungswissenschaften Speyer, Berlin 1980, 125

Rinken A., Wege zur Spezialisierung – Das Projektstudium in der juristischen Schwerpunktausbildung, Spezialisierung in der universitären und praktischen Juristenausbildung, Arnoldshainer Protokolle 8/82, hrsg. von der Evangelischen Akademie Arnoldshain, Schmitten 1982, 67

Rinken A., Reform als Prozeß. Zu den rechtlichen Rahmenbedingungen der Juristenausbildungsreform, in: Broda C. u.a. (Hrsg.), Festschrift für R. Wassermann zum sechzigsten Geburtstag, Darmstadt/Neuwied 1985, 605

Rinken A., Die Juristenausbildung in der Bundesrepublik. Einführung in das Recht der Bundesrepublik Deutschland, JuS-Sonderheft 1990, 13

Rinken A., Einführung in das juristische Studium, 3. Aufl., München 1996

Risini I., Simulation von Gerichtsverhandlungen: „Moot Courts“ und „Mock Trials“, ZDRW 2014, 272

Rittershaus G., Forum: Anwaltsorientierte Juristenausbildung, JuS 1998, 302

Rittner F., Die Zukunft des Wirtschaftsrechts in der Juristenausbildung, JZ 1981, 621

Rittner F., Zu den Münchener Studienreformbeschlüssen. Eine Erwiderung, JZ 1968, 369

Rixen S., Juristische Bildung, nicht leicht gemacht: Die „Perspektiven der Rechtswissenschaft“ des Wissenschaftsrats, JZ 2013, 708

Rixen S., Qualität rechtswissenschaftliche Promotionen: Rahmenbedingungen, Kriterien, Verfahren, in: Brockmann J., Pilniok A., Trute H.-H., Westermann E. (Hrsg.), Promovieren in der Rechtswissenschaft. Zwischen Individualbetreuung und strukturierten Programmen, Baden-Baden 2015, 23

Rochow M. von, Künstliche Interlligenz als Vorlesungsasssistent am Beispiel „Frag. Jetzt“, ZDRW 2024, 358

Roellecke G., Erziehung zum Bürokraten? Zur Tradition der deutschen Juristenausbildung, JuS 1990, 337

Röhl K. F., Die Wissenschaftlichkeit des juristischen Studiums, in: Brockmann J., Dietrich J. H., Pilniok A. (Hrsg.), Exzellente Lehre im juristischen Studium. Auf dem Weg zu einer rechtswissenschaftlichen Fachdidaktik, Baden-Baden 2011, 67

Röhl K. F., Ulbrich S., Recht anschaulich. Visualisierung in der Juristenausbildung, Köln 2007

Röhm P. M., Kant J., Das Referendariat im digitalen Zeitalter, Der Wirtschaftsführer (Boorberg-Verlag) 2020, 30

Röhm P. M., Gilbergs L., Erfahrungen mit juristischen Prüfungen – Das baden-württembergische Pilotprojekt „Elektronische Rechtspflegerprüfung“, in: Beurskens M., Kramer U., Kuhn T., Putzke H. (Hrsg.), Juristenausbildung 4.0, Stuttgart 2021, 79

Rolfs C., Rossi-Milberg S., Die Ausbildung im Schwerpunktbereich und die erste Prüfung an den juristischen Fakultäten in Deutschland, JuS 2007, 297

Röper, E., Neuordnung der Juristenausbildung, ZRP 2000, 239

Rosenbach A., „lege artis“ – Ein Seminar zur Vermittlung von Handwerk und Kunst der rechtsgutachtlichen Falllösung am Beispiel der anwaltlichen Praxis, ZDRW 2023, 309

Rosenbauer H., Der moderne Einheitsjurist – Grundzüge eines „Münchener Modells“, ZRP 1990, 252

Rosenkranz F., Sinn und Unsinn des Erlernens von Prüfungsschemata, JuS 2016, 294

Ross G., Experimente oder Unbewährtes bewahren?, JZ 1971, 540

Roth A., Bellhäuser H., Schmitz B., Selbstreguliertes Lernen im Jurastudium – eine Schlüsselkompetenz, in: Bleckmann F. (Hrsg.), Selbstlernkompetenzen im Jurastudium. Bedeutung – Praxis – Perspektiven, Stuttgart 2015, 100

Röthel A., Gegenstand und Struktur des privatrechtlichen Curriculums, in: Krüper J. (Hrsg.), Rechtswissenschaft lehren. Handbuch der juristischen Fachdidaktik, Tübingen 2022, § 16

Rottleuthner H., Juristische Ausbildung und Sozialwissenschaften, in: Strempel D. (Hrsg.), Juristenausbildung zwischen Internationalität und Individualität – auch ein Problem der Gesetzgebung, Baden-Baden 1998, 323

Roussel S., Vom gleichzeitigen Erlernen des Rechts und der Fremdsprache, in: Bergmans B. (Hrsg.), Jahrbuch der Rechtsdidaktik/Yearbook of Legal Education 2017, Berlin 2018, 217

Roxin C., Juristische Ausbildung auf der Universität, Loccumer Protokolle 25/1968, Krise der juristischen Bildung. Tagung vom 1. bis 4. November 1968, Loccum 1968, 47

Roxin C., Vom Beruf des Juristen und vom Studium des Rechts, Vortrag 2003, http://jurawelt. com/aufsaetze/methodik/8691

Roxin C., Zweigert K., Vorschläge zur Hochschuldidaktik im Bereich der Rechtswissenschaft, in: Roxin C. u. a., Das Rechtsstudium auf dem Wege zur Erneuerung, Blickpunkt Hochschuldidaktik Heft 7, Hamburg 1970, 2

Rudek A., Institution und Initiation: Soziologische Schlaglichter auf die Juristische Staatsprüfung, in: Kramer U., Kuhn T., Putzke H. (Hrsg.), Fehler im Jurastudium. Ausbildung und Prüfung, Stuttgart 2012, 111

Rudolf W., Das Völkerrecht in der deutschen Juristenausbildung, in: Bernhardt R. (Hrsg.), Das internationale Recht in der Juristenausbildung, Heidelberg 1981, Berichte der Deutschen Gesellschaft für Völkerrecht Bd 21, 17

Rueß H. P., Die „Modellfrage" bei der Reform der Juristenausbildung. Eine Zwischenbilanz der staatlichen Regelungstätigkeit auf dem Gebiet der einstufigen Juristenausbildung, Hamburg 1980 (zugl. Diss. FU Berlin 1978)

Rumpf O., Studienbegleitende Leistungskontrollen unter Prüfungsbedingungen, Novum ohne Zukunft?, Frankfurt 1993

Rüping H., Zur Praxis und Reform der mündlichen Prüfung im ersten juristischen Staatsexamen, JuS 2002, 1245

Rusche T. M., Dilling J., Der deutsch-französische Studiengang Rechtswissenschaft Köln/Paris: Mehr als 20 Jahre gelebte europäische Juristenausbildung, ZEuP 2012, 979

Rüscher D., Developing concepts for companies in international environments: Eine Praxissimulation im Internationalen Vertragsrecht, ZDRW 2019, 174

Rüßmann H., Einstufige Juristenausbildung in Hamburg, JuS 1974, 815

Rüßmann H., Juris in der akademischen Ausbildung, in: Herberger M., Berkemann J. (Hrsg.), Standort Juris. Festschrift zum 10jährigen Bestehen der Juris GmbH, Saarbrückem 1996, 17

Rüthers B., Das Konstanzer Modell der einstufigen Juristenausbildung, in: Deckenbrock C., Höpfner C., Kilian M., Markworth D., Sittard U. (Hrsg.), Arbeit, Wirtschaft, Recht. Festschrift für Martin Henssler zum 70. Geburtstag, München 2023, 1771

Rüthers B., Wozu auch noch Methodenlehre? – Die Grundlagenlücken im Jurastudium, Jus 2011, 865

Rüve G., „Juristische Bildung" – die Empfehlungen des Wissenschaftsrates zur Weiterentwicklung des rechtswissenschaftlichen Studiums, HRK-projekt nexus (Hrsg.), Juristenausbildung heute. Zwischen Berlin und Bologna, Bonn 2014, 18

Rux J., Zum Anliegen der Rechtswissenschaft, Rechtswissenschaft 2010, 3

Rzadkowski N., Juristische Bildung anders denken – Anregungen aus der (post) modernen Bildungstheorie und Hochschuldidaktik, in: Brockmann J., Pilniok A. (Hrsg.), Studieneingangsphase in der Rechtswissenschaft, Baden-Baden 2014, 301

Rzadkowski N., Wissenschaftliche Kompetenz als Ziel des Schwerpunktstudiums?, in: Kramer U., Kuhn T., Putzke H. (Hrsg.), Schwerpunkte im Jurastudium, Stuttgart 2015, 278

Rzadkowski N., Recht erfahren, ZDRW 2016, 303

Sabel R. D., Neue Aspekte des rechtskundlichen Unterrichts, DRiZ 1983, 477

Sabel, R. D., Schulfach: Recht. Notwendigkeit und Lernziele, Gegenwartskunde 1989, 309

Sachs B., Elchtest für Juristen, justament 3/2002, 28

Sacksofsky U., Für die Freiheit des Schwerpunktbereichsstudiums – Frankfurter Anmerkungen zur aktuellen Reformdiskussion der Juristenausbildung, KritV 2017, 134

Safferling C., Dauner-Lieb B., Juristisches Faktenwissen zum nationalsozialistischen Unrecht, NJW 2023, 1038

Salaw-Hanslmaier G., Mehr Professorinnen durch flexible Arbeitszeitmodelle in Verbindung mit neuen Lehrmethoden, ZRP 2010, 184

Salewski S., Der Schwerpunkt „Rechtsgestaltung im öffentlichen Recht", AL 2/2010, 153

Salge H. G, Reform ohne Ende oder das Ende einer Reform?, AnwBl 1982, 226

Salge H. G., Reform der Juristenausbildung – Anspruch und Wirklichkeit, DRiZ 1980, 41

Saliger F., Jung S., Schlüsselkompetenzen und Strafrecht – Entstehung und Konzept des „Saarbrücker Modells", in: Jung S., Momsen C., Saliger F., Schmitt-Leonardy

C. (Hrsg.), Strafverfahren und Kommunikationskompetenz, Baden-Baden 2018, 13

Sälzer G., Bad Boller Tagung zur Juristenausbildung, JuS 1970, 480

Sälzer G., Juristenausbildung an Universitäten. Ein Bericht über Studienbedingungen, Studienberatung, Studieninhalt und Studienreformen, Bielefeld 1970

Samson W., Seidel J., Die Alternative: Jurastudium an der privaten Bucerius Law School. Konzept, Entwicklungsstand, Perspektiven, in: Berendt B. u. a. (Hrsg.), Neues Handbuch Hochschullehre, 9.2.9 (online unter https://www.nhhl-bibliothek.de/)

Sanders A., Dauner-Lieb B., Lernlust statt Examensfrust, JuS 2013, 380

Sandmann F., Didaktik der Rechtskunde, Schöningh, Paderborn 1975

Sauer H., Struktur und Gegenstand des Verwaltungsrechtscurriculums, in: Krüper J. (Hrsg.), Rechtswissenschaft lehren. Handbuch der juristischen Fachdidaktik, Tübingen 2022, § 18

Sauerwald M. J., Den Gedanken Wege weisen, ZDRW 2015, 74

Sauerwald M. J., Mind Mapping in Jurastudium und Referendariat, Köln 2006

Sauter A., Juristenausbildung auf dem Prüfstand!, ZRP 1999, 273

Scaria A. G., Converging Online and Class-Room Methods: A Promising Mode of Knowledge Sharing in Digital Age?, in: Bergmans B. (Hrsg.), Jahrbuch der Rechtsdidaktik/Yearbook of Legal Education 2016, Berlin 2017, 163

Schacher M., Effekte der „Freischussregelung", in: Hermann D., Tag B. (Bearb.), Die universitäre Juristenausbildung. Empirische und theoretische Analysen zur Studiendauer und Studienleistung, Bonn 1995, 121

Schachtschneider K. A., Einübung in die juristische Praxis?, in: Wassermann R. (Hrsg.), Erziehung zum Establishment. Juristenausbildung in kritischer Sicht, Karlsruhe 1969, 51

Schäfer A., Flexible Rechtsgestaltung und Konfliktmanagement – die Hauptaufgabe des Wirtschaftsjuristen, in: Blomeyer W. (Hrsg.), Die Juristenausbildung aus der Sicht der Praxis, Fünf Vorträge. Atzelsberger Gespräche 1993, Erlangen 1994, 41

Schäfer C., „Bologna" in der Juristenausbildung? Das Mannheimer Modell eines LL.B.-Studiengangs, NJW 2008, 2487

Schäfer H. B., Von Nutzen und Nachteil der Ökonomie in der Juristenausbildung, in: Giehring H., Haag F., Hoffmann-Riem W., Ott C. (Hrsg.), Juristenausbildung – neu überdacht. Erfahrungen aus der einstufigen Juristenausbildung als Grundlage für eine weiterhin anstehende Reform, Baden-Baden 1990, 294

Schäffer K., Studieren ohne Repetitor, JuS 1999, 311

Schäfke-Zell W., Asmussen I. H., Drei Wege, die juristische Ausbildung an ein digitalisiertes juristisches Berufsfeld anzupassen, in: Schmidt M., Trute H. H. (Hrsg.), Lehre der Digitalisierung in der Rechtswissenschaft, Baden-Baden 2023, 79

Schallenmüller-Ens C., Die Vermittlung von Kenntnissen einer fremden Rechtsordnung an Studierende der Rechtswissenschaften, in: Kunz L., Ferreira Mese V. (Hrsg.), Rechtssprache und Schwächerenschutz, Baden-Baden 2018, 411

Schäpers G., Gibt es einen Platz für „Law Clinics" in der Juristenausbildung? Fallorientierung des Studiums mit Leben erfüllen: Studierende und Praxis profitieren, AnwBl 2017, 959

Schapp J., Praxis der Vertragsgestaltung und juristische Methodenlehre, in: Berger K. P. u. a. (Hrsg.), Zivil- und Wirtschaftsrecht im Europäischen und Globalen Kontext – Private and Commercial Law in a European and Global Context. Festschrift für N. Horn zum 70. Geb., Berlin 2006, 1243

Schapp J., Die juristische Methode als der Weg zum Verstehen und Anwenden des Rechts, Juristische Ausbildung 2001, 217

Schapp J., Methodenlehre, allgemeine Lehren des Rechts und Fall-Lösung, Rechtstheorie 2001, 305

Schapp J., Probleme einer europäischen Juristenausbildung, in: Ders., Methodenlehre und System des Rechts, Tübingen 2009, 223

Scharrelmann B., Der Bachelor- und Masterstudiengang der Hanse Law School, in: Fischer G., Wünsch T. (Hrsg.), Der Bologna-Prozess an den juristischen Fakultäten, Baden-Baden 2006, 95

Schärtl C., Das enhanced inverted classroom-Modell (EICM) als didaktischer Grundpfeiler eines modernen Rechtsunterrichts, ZDRW 2016, 18

Schärtl C., Digitales Lehren und Prüfen – bewährte Lösungen und neue Herausforderungen, ZDRW 2017, 51

Schärtl C., Die fortschreitende Digitalisierung als Herausforderung für die moderne Hochschullehre, ZDRW 2018, 336

Schärtl C., Notwendigkeit einer digitalen Transformation des Rechtsunterrichts – Virtual Enhanced Inverted Classroom (VEIC) und Constructive Alignment 4.0 als Lehren aus derCOVID-19 Pandemie, ZDRW 2020, 280

Schärtl C., Kompetenzorientiertes Studieren: der Schlüssel zum Erfolg?!, Wirtschaftsführer für junge Juristen (Boorberg Verlag) 2/2021, https://publicus.boorberg.de/kompetenzorientiertes-studieren-der-schluessel-zum-erfolg/

Schärtl C., Notwendigkeit eines „Balanced Teaching" auch im Hinblick auf den Einsatz von Präsenz- und Onlineformaten – Lehren aus den Covid 19-Erfahrungen, in: Griebel J., Gröblinghoff F., Kuhn T., Schimmel R. (Hrsg.), Rechtsdidaktik. Erreichtes – Misslungenes – Zukünftiges, Baden-Baden 2023, 35

Schärtl C., Notwendigkeit einer eigenständigen e(Rechts-)Didaktik? – Grundlagen eines systematischen Verständnisses und Gedanken zum eTeaching 4.0, in: Griebel J., Gröblinghoff F., Kuhn T., Schimmel R. (Hrsg.), Rechtsdidaktik. Erreichtes – Misslungenes – Zukünftiges, Baden-Baden 2023, 57

Schärtl C., E-Learning Formate im Jurastudium, in: Krüper J. (Hrsg.), Rechtswissenschaft lehren. Handbuch der juristischen Fachdidaktik, Tübingen 2022, § 40

Schauer L. M., Gezielte Unterstützung von Studierenden der Rechtswissenschaft in der Examensvorbereitung – Werkstattbericht „Examens-Ambulanz", ZDRW 2024, 172

Schautes D.-C., Würzburger Thesen reichen nicht aus, JuS 1995, 1045

Scheidler A., Zur Bedeutung eines Korrekturschemas bei der Bewertung von Prüfungsleistungen, DVBl 2019, 891

Schelsky H., Nutzen und Gefahren der sozialwissenschaftlichen Ausbildung von Juristen, JZ 1974, 410

Schenck G., Zweckmäßigere Ausbildung der Gerichtsreferendare, NJW 1952, 413

Scheuner U., Der Stand der Lehre des Völkerrechts an den deutschen Hochschulen, in: Krüher H., Erler G. (Hrsg.), Zum Problem der Souveränität, Berichte der Deutschen Gesellschaft für Völkerrecht Bd 1, Karlsruhe 1955, 78

Scheyhing R., Ein- und zweistufige Ausbildung der Juristen – Versuch eines Vergleichs, JZ 1985, 278

Schiebe M., Fälle lösen lernen – Entwicklung eines digitalen aktivierenden Lernformats in der rechtswissenschaftlichen Lehre, ZDRW 2023, 227

Schiemann G., Das Studium der Rechtsgeschichte in einer anwaltsorientierten Juristenausbildung, in Hengstl J., Sick U. (Hrsg.), Recht gestern und heute: Festschrift zum 85. Geburtstag von Richard Haase, Wiesbaden 2006, 193

Schimmel R., Juristische Fachdidaktik 2.0.14: Reichweitendefizitkompensationsstrategien (?), ZDRW 2014, 89

Schimmel R., Rechtswissenschaftliche Fachdidaktik – ein Wunschzettel, in: Griebel J., Gröblinghoff F. (Hrsg.), in: Griebel J., Gröblinghoff F. (Hrsg.), Von der juristischen Lehre. Erfahrungen und Denkanstöße, Baden-Baden 2012, 31

Schimmel R., Ausbildungszeitschriften: I read the JuS today, oh boy, Legal tribune online 6.1.2015, https://www.lto.de/persistent/a_id/14278/

Schimmel R., Griebel J., Warum man lieber nicht Jura studieren sollte, 2. Aufl., Paderborn 2023

Schladebach M., Die Massenvorlesung als didaktische Herausforderung, in: Astleitner H., Deibl I., Lagodny O., Warto P., Zumbach J. (Hrsg.), Rechtsdidaktik zwischen Theorie und Praxis, Baden-Baden 2019, 109

Schladebach M., Grauert A., Die Erstsemester-Begrüßungswoche als rechtsdidaktischer Resonanzboden, ZDRW 2017, 273

Schlieffen K. Gräfin von, Methode und Rechtsdidaktik. Zum Desiderat einer expliziten Kompetenzlehre, in: Hof H., Götz von Olenhusen P. (Hrsg.), Rechtsgestaltung – Rechtskritik – Konkurrenz von Rechtsordnungen … Neue Akzente in der Juristenausbildung, Baden-Baden 2012, 169

Schlieffen K. Gräfin von, Rechtsmethodologische Überlegungen zu einer juristischen Hochschuldidaktik, in: Griebel J., Gröblinghoff F. (Hrsg.), Von der juristischen Lehre. Erfahrungen und Denkanstöße, Baden-Baden 2012, 59

Schlieffen K. Gräfin von, Bottom up! Rechtskompetenz lernen! Ein Konzept auf rhetorischer Grundlage, ZDRW 2013, 44

Schlosser P., Anwaltsausbildung in Europa, NJW 1999, 3003

Schlosser P., Empfehlungen des Instituts zur Integration anwaltsbezogener Elemente in die Universitätsphase der Juristenausbildung, AnwBl 2003, 223

Schlosser P., Braun M., Augsburger Zwischenbilanz, JZ 1977, 386

Schlosshauer-Selbach S., Deutscher Juristentag fordert Reform der Ausbildung, JuS 1991, 169

Schlücher E., Krüger J., Zur (fälligen) Reform der Juristenausbildung, Jura 1998, 1

Schlüter A., Dauner-Lieb B. (Hrsg.), Neue Wege in die Juristenausbildung, Stifterverband für die deutsche Wissenschaft, Essen 2010

Schmehl A., Die Studieneingangsphase nachhaltig zielgerecht (um)gestalten – aber wie? Der Projektverbund des Universitätskollegs der Universität Hamburg, in: Brockmann J., Pilniok A. (Hrsg.), Studieneingangsphase in der Rechtswissenschaft, Baden-Baden 2014, 360

Schmid E., More than a lucky guess? – Confidence-based Multiple-Choice Questions for Worried Law Students, in: Astleitner H., Deibl I., Lagodny O., Warto P., Zumbach J. (Hrsg.), Rechtsdidaktik zwischen Theorie und Praxis, Baden-Baden 2019, 195

Schmidt A., Aller guten Prüfungen sind zwei: Die Aufgabenverteilung zwischen Studium und Referendariat im Licht der Staatsprüfungen, in: Kramer U., Kuhn T., Putzke H. (Hrsg.), Was muss Juristenausbildung heute leisten?, Stuttgart 2019, 109

Schmidt D., Die Bedeutung der Prüfungsleistungen, insbesondere der schriftlichen Arbeiten für die Prüfung, in: Merten D. (Hrsg.), Probleme der Juristenausbildung. Vorträge des 11. Sonderseminars 1978 der Hochschule für Verwaltungswissenschaften Speyer, Berlin 1980, 79

Schmidt E., Der Verfahrensaspekt in der einstufigen Juristenausbildung an der Universität Bremen, JuS 1979, 834

Schmidt E., Notizen aus der „Bremer Ideologiefabrik", JZ 1975, 410

Schmidt K., Die akademische (juristische) Vorlesung – Eine durchaus zeitgemäße Betrachtung, ZDRW 2018, 293

Schmidt M., Lehrbücher zum BGB AT für Studienanfänger, ZDRW 2014, 71

Schmidt M., Constructive alignment in der Juristenausbildung, Hamburger Rechtsnotizen 1/2015, 12

Schmidt M., Didaktik der Ausbildungsliteratur, in: Krüper J. (Hrsg.), Rechtswissenschaft lehren. Handbuch der juristischen Fachdidaktik, Tübingen 2022, § 37

Schmidt M., Didaktik der Studieneingangsphase, in: Krüper J. (Hrsg.), Rechtswissenschaft lehren. Handbuch der juristischen Fachdidaktik, Tübingen 2022, § 42

Schmidt M., Musumeci L., Die Kompetenz, ein rechtswissenschaftliches Gutachten zu verfassen: Herausforderung und Potential für die Lehre, ZDRW 2015, 183

Schmidt M., Reich N., Eine Annäherung anhand seiner Ideen zum Verbraucherrecht und zur juristischen Ausbildung, in: Repgen N., Jeßberger F., Kotzur M. (Hrsg.), 100 Jahre Rechtswissenschaft an der Universität Hamburg, Tübingen 2019, 383

Schmidt R., Juristenausbildung an Fachhochschulen – Erfahrungen und Perspektiven, Baden-Baden 2001

Schmidt R., Wie und warum der Studiengang Wirtschaftsrecht der Fachhochschule Nordostniedersachsen entstand, in: Herrmann M. (Hrsg.), Wirtschaftsrecht und Mediation. Festschrift für Walther Gottwald, Baden-Baden 2005, 9

Schmidt R., Die Wissenschaftlichkeit der juristischen Ausbildung. Dogmatik, Praxisintegration und die Zukunft, in: Koch A., Kubiciel M., Wollenschläger F., Wurmnest W. (Hrsg.), 50 Jahre Juristische Fakultät Augsburg, Tübingen 2021, 67

Schmidt R., Braun M., Mögele R., Juristenausbildung – jetzt wie einst, JZ 1984, 364

Schmidt T., Die Dauer der Juristenausbildung, JuS 1992, 173

Schmitt J., Kritische Anmerkungen zur juristischen Ausbildung, JZ 1965, 247

Schmitt-Glaeser W., Die Juristen-Fakultäten als Hüter des Rechtsstaats, NJW 1995, 2597

Schmitz M., „RatssitzungLive" – Ein Planspiel im Kommunalrecht, ZDRW 2017, 280

Schmitz R., Die Zukunft der Juristenausbildung: Bachelor, Master, Staatsexamen oder Spartenmodell?, DRiZ 2006, 337

Schnapp F., Was Juristen aus Stillehren lernen können und was nicht, Jura 2015, 130

Schneider E., Repetitoren-Dämmerung, JZ 1954, 567, mit Erwiderung Bornemann F., Wittmann F., JZ 1954, 738 und Replik Schneider JZ 1955, 155

Schneider E., Des Esels Schatten: Ein Beitrag zur Studienreform, JZ 1961, 212

Schneider H., Die Ausbildung zum Juristen: Eine rechtsvergleichende Übersicht, ZEuP 1999, 163

Schneider P., Bericht des Vorsitzenden des Fakultätentags zur Neufassung der sogenannten Münchener Beschlüsse, JZ 1969, 63

Schneider P., Mainzer Empfehlungen des juristischen Fakultätentags zur Reform der Referendarprüfung, JuS 1969, 241

Schneider S., Feneberg A., Härterich J., Digitale Lehr-/Lernmaterialien im Bereich der Rechtswissenschaften gestalten – Ein Blick auf die Psychologie digitaler Lernmedien, in: Bergmans B. (Hrsg.), Jahrbuch der Rechtsdidaktik/Yearbook of Legal Education 2020/2021, Berlin 2022, 9

Schnur R., Zur Ausbildung für den höheren Verwaltungsdienst, ZBR 1961, 329

Schöbel H., Blick über den Zaun – Aspekte der Juristenausbildung europäischer Nachbarstaaten, BayVBl 1991, 328

Schöbel H., Stand der Überlegungen zu einer Neugestaltung der Juristenausbildung, BayVBl 1992, 321 und 358

Schöbel H., Zwei Jahre „Freischuß" in Bayern – Versuch einer ersten Bilanz, Jura 1993, 126

Schöbel H., Stand der Diskussion um eine Reform der Juristenausbildung, JA 1997, 169

Schöbel H., Volljurist ohne Referendariat – ein Irrweg?, Jura 1999, 21

Schöbel H., Die Diskussion um eine Reform der Juristenausbildung auf dem Weg in das nächste Jahrtausend, JA 1999, 10

Schöbel H., Verhandlungsmanagement und Mediation in der Juristenausbildung, JuS 2000, 372

Schöbel H., Zehn Jahre Freischuss in Bayern: eine – vorläufig letzte – Bilanz, BayVBl 2001, 161

Schöbel, H., Das Gesetz zur Reform der Juristenausbildung – Ein Zwischenbericht, JuS 2004, 847

Schöbel H., Die nächste Reformdebatte hat längst begonnen, JusMagazin 1/2005, o.S.

Schöbel H., Anwaltsorientierte Juristenausbildung in Bayern, BRAK-Mitteilungen 2006, 248

Schöbel H., Kein überzeugendes Konzept. Erwiderung auf Jeep, JuS-Magazin 2/2006, 10

Schöbel H., Arbeitsmarkt bietet Jura-Bachelors nur wenig Chancen (Leserbrief), DRiZ 2006, 156

Schöbel H., Die Bologna-Erklärung und die Juristenausbildung: ein Bericht, BayVBl 2007, 97

Schöbel H., Das ‚Stuttgarter Reformmodell' – Nicht zukunftsfähig, JuS 2007, 504

Schöbel H., Die „Kunst des Prüfens" – Prüfer in juristischen Prüfungen, in: Schöch H. u. a. (Hrsg.), Recht gestalten – dem Recht dienen. Festschrift für R. Böttcher zum 70. Geburtstag, Berlin 2007, 687

Schöbel H., Einführung des Bologna-Modells in der deutschen Juristenausbildung?, in: Baldus C., Finkenauer T., Rüfner T. (Hrsg.), Juristenausbildung in Europa zwischen Tradition und Reform, Tübingen 2007, 331

Schöbel H., Die Erste Juristische Staatsprüfung – Letzte Bastion im Bologna-Sturm?, JA 2011, 161

Schöbel H., Einführung des Bologna-Modells in der deutschen Juristenausbildung?, BayVBl 2012, 385

Schöbel H., Bedeutung von Methodik und Rechtsgestaltung für die Erste Juristische Staatsprüfung, in: Hof H., Götz von Olenhusen P. (Hrsg.), Rechtsgestaltung –

Rechtskritik – Konkurrenz von Rechtsordnungen … Neue Akzente in der Juristenausbildung, Baden-Baden 2012, 82

Schöbel H., Die Klausuren der Ersten Juristischen Staatsprüfung in Bayern, in: Kramer U., Kuhn T., Putzke H. (Hrsg.), Fehler im Jurastudium. Ausbildung und Prüfung, Stuttgart 2012, 123

Schöbel H., Ausbildungsreform in Absurdistan, in: Kramer U., Kuhn T., Putzke H. (Hrsg.), Schwerpunkte im Jurastudium, Stuttgart 2015, 135

Schöbel H., Das Gesetz zum Schwerpunktbereich – Entstehungsgeschichte und Ziele, in: Kramer U., Kuhn T., Putzke H. (Hrsg.), Schwerpunkte im Jurastudium, Stuttgart 2015, 16

Schöch H., Perspektiven für das Strafrecht, in: Hof H., Götz von Olenhusen P. (Hrsg.), Rechtsgestaltung – Rechtskritik – Konkurrenz von Rechtsordnungen … Neue Akzente in der Juristenausbildung, Baden-Baden 2012, 520

Scholkmann A., Problemorientiertes Lernen und (rechtswissenschaftliche) Fallmethode, ZDRW 2014, 28

Scholz P., Schulte C., Der Weg zum juristischen Prädikatsexamen. Erstes und zweites Staatsexamen erfolgreich bestehen, 2. Aufl., Berlin 2007

Schömann M., Echo: Juristenausbildung, ZRP 2008, 28

Schomburg H., Das Jura-Studium im kritischen Rückblick der Absolventinnen und Absolventen, in: HRK-projekt nexus (Hrsg.), Juristenausbildung heute. Zwischen Berlin und Bologna, Bonn 2014, 22

Schomburg H., Arutyunyants T., Die Qualität des Jurastudiums aus der Perspektive der Absolventinnen und Absolventen, in: Bergmans B. (Hrsg.), Jahrbuch der Rechtsdidaktik/Yearbook of Legal Education 2016, Berlin 2017, 9

Schomerus T., Stand und Perspektiven des Wirtschaftsrechtsstudiums an Fachhochschulen, JuS 1999, 930

Schomerus T., Berufseinstieg von Diplom-Wirtschaftsjuristen (FH), JuS 2001, 1244

Schomerus T., Wirtschaftsrecht an Fachhochschulen – die bessere Juristenausbildung?, Betrifft JUSTIZ 2002, 418

Schomerus T., Zehn Jahre Wirtschaftsrecht nach dem Lüneburger Modell, JuS 2004, 847

Schomerus T., Stix C., Zens E. (Hrsg.), Das Lüneburger Modell. Der Studiengang Wirtschaftsrecht nach fünf Jahren, Schriftenreihe des FB Wirtschaftsrecht, Bd. 2, HF Nordostniedersachsen 1999

Schönrock S., Kontrolle von Lernerfolg – Ein Beitrag aus Sicht der akademischen Lehre, in: Rechtslehre. Jahrbuch der Rechtsdidaktik 2011, Berlin 2012, 203

Schönrock S., Wissenschaftlichkeit und Interdisziplinarität in den rechtswissenschaftlichen Fächern der Polizeiausbildung, in: Rechtslehre. Jahrbuch der Rechtsdidaktik 2012, Berlin 2013, 141

Schons H. P., Brauchen wir ein Staatsprüfungssystem für Fachanwälte?, AnwBl 2010, 774

Schöttler W., Vorschläge zur Reform des juristischen Studiums, RiA 1962, 1

Schrade H., Katzenstein M., Der Bologna-Prozess und die Spartenausbildung, DVBl 2006, 549

Schrapper L., Der Bachelor kommt! Die Fachhochschule für öffentliche Verwaltung NRW auf dem Wege nach Bologna, Ausbildung Prüfung Fortbildung (apf) 2008, 257

Schröder D., Challenges of German first-year law students – Empirical results and implications for legal education, European Journal of Legal Education vol. 3/1 (2022), 23

Schröder D., Kuhli M., Es fehlt vor allem an Konzentration: Erste Erkenntnisse aus dem Corona-Semester, ZDRW 2020, 489

Schröder J., Vertrauliche Andeutungen eines Mitschuldigen über mancherlei Ursachen des Mißerfolgs der juristischen Universitätsausbildung, JuS 1978, 284

Schröder J., Das Verhältnis von Rechtswissenschaft, Juristenausbildung und Rechtspraxis in Deutschland seit dem 18. Jahrhundert, in: Ders., Rechtswissenschaft in der Neuzeit – Geschichte, Theorie, Methode. Ausgewählte Aufsätze 1987–2022, Band 2, Tübingen 2023, 327

Schröder M., Die mündliche Prüfung – das Stiefkind der juristischen (Internet) Szene, JurPC Web-Dok. 227/2001, Abs. 1–15, www.jurpc.de/aufsatz/20010227.htm, DOI 10.7328/ jurpcb/2001161223

Schröder R., Lust auf Rechtsgeschichte?, in: Bergmans B. (Hrsg.), Rechtslehre. Jahrbuch der Rechtsdidaktik/Yearbook of Legal Education 2013/2014, Berlin 2015, 97

Schroeder K. P., Einstufige Juristenausbildung in Bayreuth, JuS 1978, 574

Schubarth W., Praxisbezüge und Praktika als Beitrag zur Erhöhung der Berufsbefähigung im Studium: Beispiele – Befunde – Perspektiven, ZDRW 2014, 212

Schubarth W., Speck K., Praxisbezüge in den Rechtswissenschaften: Bilder, Befunde und Weiterentwicklung, in: HRK-projekt nexus (Hrsg.), Juristenausbildung heute. Zwischen Berlin und Bologna, Bonn 2014, 44

Schubel K., Ein relationales Rechts- und Demokratieverständnis ausbilden. Die Reform der juristischen Ausbildung als Transformationshoffnung, KJ 2024, 304

Schuch C., Bildung gegen Antisemitismus in der juristischen Ausbildung, ZDRW 2023, 259

Schulte M., 10 Thesen zur Juristenausbildung – aus Sicht des öffentlichen Rechts, in: Hof H., Götz von Olenhusen P. (Hrsg.), Rechtsgestaltung – Rechtskritik – Konkurrenz von Rechtsordnungen … Neue Akzente in der Juristenausbildung, Baden-Baden 2012, 517

Schulte W., Reform der Juristenausbildung. Anmerkungen zur Bilanz der SPD, RuP 1981, 167

Schultz U., Erfahrungen mit Multiple-Choice-Aufgaben an der Fernuniversität, DVR 8 (1979), 15

Schultz U., Legal education Germany – an ever (never?) ending story of resistance to change, Revista de Educación y Derecho 4/2011, 1

Schultz U., Ein Gendercurriculum für die Rechtswissenschaft. Ein Vorschlag zur Integration von Lehrinhalten der Genderforschung in das rechtswissenschaftliche Studium, djbZ 2018, 227

Schulz G., Das juristische Studium an der Law School der Harvard Universität, JuS 1962, 366

Schulz U., Böning A., Peppmeier I., Schröder S., De jure und de facto: Professorinnen in der Rechtswissenschaft. Geschlecht und Wissenschaftskarriere im Recht, Baden-Baden 2018

Schulze D., Die Juristenprüfung zwischen Anspruch und Realität, Diss. Saarbrücken 1999

Schulze G., „Bologna“: Potsdamer Modell der Juristenausbildung, in: HRK-projekt nexus (Hrsg.), Juristenausbildung heute. Zwischen Berlin und Bologna, Bonn 2014, 59

Schulze G., Deutsche Juristenausbildung – Standhaftigkeit in Zeiten der Bolognisierung, in: Stumpf C., Kainer F., Baldus C. (Hrsg.), Privatrecht, Wirtschaftsrecht, Verfassungsrecht. Festschrift für P.-C. Müller-Graff zum 70. Geburtstag, Baden-Baden 2015, 1468

Schulze G., Groß M., Juristenausbildung und Transnationalität, AnwBl 2016, 710

Schulze V., Riebel M., Universitäre Lehre in Zeiten von Corona – ein Erfahrungsbericht aus Leipzig, Zeitschrift für das Juristische Studium 2020, 215

Schulz-Loerbroks G., Darf's noch ein bisschen mehr sein? Die Jura-Ausbildung im Bundestag, FoR 2002, 70

Schünemann B., Didaktik der fächerübergreifenden Zusammenarbeit von Rechts- und Wirtschaftswissenschaften, in: Hof H., Götz von Olenhusen P. (Hrsg.), Rechtsgestaltung – Rechtskritik – Konkurrenz von Rechtsordnungen … Neue Akzente in der Juristenausbildung, Baden-Baden 2012, 153

Schuster A., Design-Thinking (DT) als Problemlösungsansatz für Abschlussarbeiten, ZDRW 2016, 83

Schütte W., Die Einübung des juristischen Denkens. Juristenausbildung als Sozialisationsprozess, Frankfurt/Main 1982

Schütte W., Das heimliche Curriculum im Jurastudium, in: Bundeszentrale für politische Bildung (Hrsg.), Politische Sozialisation an Hochschulen, Bonn/Ulm 1985, 222

Schütz C., Die AbsolventInnenbefragungen der Bundesfachschaft Rechtswissenschaft, in: Bergmans B. (Hrsg.), Jahrbuch der Rechtsdidaktik/Yearbook of Legal Education 2020/2021, Berlin 2022, 61

Schwab M., Juristische Staatsprüfungen und das Grundgesetz. Stoffüberfülle, Blockversagen, Exotenklausuren, strenge Noten. Originalabdruck einer Klageschrift, Hamburg 2005

Schwabe J., Echo: Jura mit Vordiplom oder wie man auch beim bestehenden Ausbildungssystem Verbesserungen vornehmen könnte, JuS 1998, 191

Schwabe J., Erbarmen mit den Jura-Studenten, JZ 2000, 32

Schwabe J., Juristische Eignungstests, JuS 1994, 623

Schwartze A., A more European Legal Education – Lessons to be Learned, in: Germelmann C. F. (ed.), Innovative Teaching in European Legal Education, Baden-Baden 2021, 67

Schwärzel K., Das Gruppenpuzzle als Methode kooperativen Lernens im juristischen Studium, in: Berk I. van den, Merkt M., ZHW-Almanach. Einzelbeitrag Nr.: 2011-4 (http://www.zhw. unihamburg/ almanach)

Schwarzmann H. U., Teubner G., Teamwork in der Juristenausbildung, JuS 1971, 268

Schwede J., Der „Diplomwirtschaftsjurist (FH)" oder die Reform der Juristenausbildung von unten? Zu Krimphove ZRP 1996, 248, ZRP 1998, 152

Schweigler F., Das Frauenbild in der bayerischen Justizausbildung, DRiZ 2014, 52

Schweizer V., Unausgeschöpfte Möglichkeiten der deutschen Juristenausbildung, JuS 1992, 624

Schwind H.-D., Zur Neuordnung der Juristenausbildung, DRiZ 1981, 441

Schwenzer I., Kessler U., Den Lernprozess beflügeln. Werkstattbericht der Swiss International Law School, ZDRW 2018, 88

Seckelmann M., Grundzüge eines verwaltungswissenschaftlichen Curriculums, ZDRW 2017, 158

Seckelmann M., Kriterien von Evaluationen juristischer Lehrveranstaltungen, in: Krüper J. (Hrsg.), Rechtswissenschaft lehren. Handbuch der juristischen Fachdidaktik, Tübingen 2022, § 49

Seeland A., Psychische Belastungen im Jurastudium, ZDRW 2022, 121

Seewald O., Juristenausbildung und Bologna, Passau 2007

Sefkow A., Lehre von Legal Tech als rechtsdidaktische Herausforderung, in: Schmidt M., Trute H. H. (Hrsg.), Lehre der Digitalisierung in der Rechtswissenschaft, Baden-Baden 2023, 203

Seibert T.-M., Zur Fachsprache in der Juristenausbildung, Berlin 1977

Seibert T.-M., Die Sprache des juristischen Schulfalls und ihre Folgen, in: Brockmann J., Pilniok A. (Hrsg.), Recht sprechen lernen. Sprache im juristischen Studium, Baden-Baden 2016, 127

Seibert T.-M., Spiegelberg R., Die Theorie/Praxis-Integration im Universitätsunterricht, JuS 1984, 405

Seibert T.-M., Recht und Sprache in didaktischer Perspektive, in: Krüper J. (Hrsg.), Rechtswissenschaft lehren. Handbuch der juristischen Fachdidaktik, Tübingen 2022, § 30

Seiter H., Einphasige Juristenausbildung in Baden-Württemberg, Konstanz 1982

Seiter H., Juristenausbildung zwischen Tradition und Reform (Konstanzer Universitätsreden), Konstanz 1982

Seiter H., Stürner R., Zum Stand der Diskussion um die Reform der Juristenausbildung, JuS 1982, 310

Seiwerth S., Aktivierung und lernförderliche Lehre in der Falllösungs-Arbeitsgemeinschaft, ZDRW 2017, 196

Seiwerth S., Wie kann eine juristische Blended-Learning-Lehrveranstaltung konkret aussehen? – Grundlagen und Vorschläge, ZDRW 2019, 348

Sembdner F., Gedanken zur juristischen Ausbildung. Erfahrungen und Anregungen aus der Sicht eines Prüflings, NJW 1959, 1021

Sembdner F., Rechtsstudium oder Verwaltungsstudium?, DÖV 1962, 521

Sengle A., Der 48. Deutsche Juristentag, JZ 1970, 736

Senn M., Rechtswissenschaft nach der Bologna-Reform, Rechtswissenschaft 2010, 218

Senn M., Rechtswissenschaft und Juristenausbildung, Zürich 2013

Sethe R., Spezialisierte Masterstudiengänge am Beispiel des Wirtschaftsrechtlichen Studiengangs der Juristischen Fakultät der Universität Halle-Wittenberg, in: Fischer G., Wünsch T. (Hrsg.), Der Bologna-Prozess an den juristischen Fakultäten, Baden-Baden 2006, 67

Sethe R., Zehn Thesen zu guter Hochschullehre, JZ 2008, 351

Sethe R., Vom Lizenziats- zum Bologna-System: Auswirkungen auf das Prüfungsgeschehen, in: Brockmann J., Pilniok A. (Hrsg.), Prüfen in der Rechtswissenschaft – Probleme, Praxis und Perspektiven, Baden-Baden 2013, 94

Sethe R., Aktivierung von Studierenden in Großveranstaltungen, ZDRW 2017, 261

Sethe R., Rechtswissenschaft studieren im Bologna-System, in: Krüper J. (Hrsg.), Rechtswissenschaft lehren. Handbuch der juristischen Fachdidaktik, Tübingen 2022, § 13

Sieber P., Casebooks: Typologie und didaktische Konzeption, ZDRW 2018, 42

Sieber P., Züllig M., Juristische Sprach- und Methodenkompetenz sowie Flipped Classroom im Bachelorstudiengang „Angewandtes Recht“, ZDRW 2024, 235

Sief V., Rückblick und weitere Perspektiven aus Sicht des Privatrechts, in: Hof H., Götz von Olenhusen P. (Hrsg.), Rechtsgestaltung – Rechtskritik – Konkurrenz von Rechtsordnungen … Neue Akzente in der Juristenausbildung, Baden-Baden 2012, 512

Siefert M., Moot Courts in der britischen und deutschen Juristenausbildung, Hamburg 2014

Simon D., Buridans Zielkonflikt oder Der Esel in der Juristenausbildung, in: Assmann H. D. u. a. (Hrsg.), Wirtschafts- und Medienrecht in der offenen Demokratie. Freundesgabe für F. Kübler zum 65. Geburtstag, Heidelberg 1997, 47

Singbartl J., Plädoyer für die Abschaffung des Schwerpunktbereichs, in: Kramer U., Kuhn T., Putzke H. (Hrsg.), Schwerpunkte im Jurastudium, Stuttgart 2015, 147

Sirp W., Die Ausbildung der Richter nach dem Entwurf eines Deutschen Richtergesetzes, DRiZ 1960, 204

Skauradszun D., WEG-Verwaltung als wirtschaftsjuristisches Tätigkeitsfeld und Ausbildungsziel, am Beispiel der Hochschule Fulda, in: Bergmans B. (Hrsg.), Jahrbuch der Rechtsdidaktik/Yearbook of Legal Education 2015, Berlin 2016, 175

Slapnicar K. W., Notwendigkeit einer spezifisch wirtschaftsjuristischen Methodik und Didaktik, in: Rechtslehre. Jahrbuch der Rechtsdidaktik 2011, Berlin 2012, 109

Smehyl M., Juristenausbildung 4.0, BayVBl 2022, 616

Sonnberger M. W., Der Moot Court aus der „Innensicht" – Ein reflektierender Erlebnisbericht, in: Warto P., Zumbach J., Lagodny O., Astleitner H. (Hrsg.), Rechtsdidaktik – Pflicht oder Kür?, Baden-Baden 2017, 183

Sonnenberger H. J., Blaise J.-B., Pédamon M., Europäische Juristen und nationale Juristenausbildung, ZEuP 1998, 1019

Sonnen B. R., Einführung und Orientierung für das Studium der Rechtswissenschaft; Veranstaltungsformen der Ausbildung, in: Giehring H., Haag F., Hoffmann-Riem W., Ott C. (Hrsg.), Juristenausbildung – neu überdacht. Erfahrungen aus der einstufigen Juristenausbildung als Grundlage für eine weiterhin anstehende Reform, Baden-Baden 1990, 125

Sonnleitner K., Stationenlernen, ZDRW 2015, 145

Sonnleitner K., From Sage on the Stage to Guide on the Side, ZDRW 2016, 288

Sonnleitner K., Selbstgesteuerte und problembasierte Seminargestaltung zur Förderung von fachlichen und sozialen Kompetenzen, in: Warto P., Zumbach J., Lagodny O., Astleitner H. (Hrsg.), Rechtsdidaktik – Pflicht oder Kür?, Baden-Baden 2017, 273

Sonnleitner K., Rechtsdidaktik im Kontext der Hochschuldidaktik – Beispiel für ein Lehrveranstaltungsdesign, in: Astleitner H., Deibl I., Lagodny O., Warto P., Zumbach J. (Hrsg.), Rechtsdidaktik zwischen Theorie und Praxis, Baden-Baden 2019, 180

Sörgel D., Die Implementation der Grundlagenfächer in der Juristenausbildung nach 1945, Tübingen 2014

Spaeth E. A., Compliance E-lliance – Ein neuer Typus praxisorientierter Lehrveranstaltung im virtuellen Hörsaal, ZJS 2013, 632

Spektor M. S., Yuan T., Digitalisierung in der Juristenausbildung, NJW 2020, 1043

Staats J.-F., Die Juristenausbildung in den Mitgliedstaaten der EG, DRiZ 1990, 193

Staats J.-F., Juristenausbildung und ein Stück Freiheit, RuP 2010, 147

Stadler L., Broemel R., Schwierigkeiten, Lerntechniken und Lernstrategien im Jurastudium, in: Brockmann J., Pilniok A. (Hrsg.), Studieneingangsphase in der Rechtswissenschaft, Baden-Baden 2014, 37

Stary J., Unger W., Concept Maps. Die Visualisierung juristischer Inhalte, in: Berendt B. u. a. (Hrsg.), Neues Handbuch Hochschullehre, C.2.15 (online unter https://www.nhhl-bibliothek.de/)

Steckler B., Anwaltliche Berufspraxis in der universitären Lehre, AnwBl 1997, 245

Steckler B., Mey B., Miksch M., Villasenor P., eLearning am Fachbereich Wirtschaft der FH Bielefeld, in: Brinker T., Rössler U. (Hrsg.), Hochschuldidaktik an Fachhochschulen, Bielefeld 2004, 157

Steffahn V., Kompetenzentwicklung in der Klausur-Nachbereitungsphase: die „Tandem-Korrektur", in: Bleckmann F. (Hrsg.), Selbstlernkompetenzen im Jurastudium. Bedeutung – Praxis – Perspektiven, Stuttgart 2015, 194

Steffahn V., Methodik und Didaktik der juristischen Problemlösung, Diss. Erlangen-Nürnberg 2014

Steffahn V., Reproduzieren(lassen) von Streitständen – ein Kardinalfehler, in: Kramer U., Kuhn T., Putzke H. (Hrsg.), Fehler im Jurastudium. Ausbildung und Prüfung, Stuttgart 2012, 161

Steffahn V., Tagungsbericht: „Exzellente Lehre im juristischen Studium: Auf dem Weg zu einer rechtswissenschaftlichen Fachdidaktik", Bucerius Law Journal 2010, 65

Steffahn V., Juristische Methoden lehren, in: Krüper J. (Hrsg.), Rechtswissenschaft lehren. Handbuch der juristischen Fachdidaktik, Tübingen 2022, § 32

Steffahn V., Wessel H., Einführungskurs in die Rechtswissenschaft, ZDRW 2015, 57

Stegbauer A., Qualifikation und Defizite beim Eintritt ins Referendariat, in: Kramer U., Kuhn T., Putzke H. (Hrsg.), Was muss Juristenausbildung heute leisten?, Stuttgart 2019, 103

Stegmaier W., Didaktik zwischen Dogmatik und Problemfokussierung, ZDRW 2020, 196

Stehle S., Innovative didaktische Ansätze an der Hochschule Kehl, in: Bergmans B. (Hrsg.), Jahrbuch der Rechtsdidaktik/Yearbook of Legal Education 2013/2014, Berlin 2015, 103

Steiger H., Deutsche Juristenausbildung und das Jahr 1992, ZRP 1989, 283

Stein T., Mediation als schlüsselqualifizierendes Erkenntnisformat. Rechtsdidaktische Legitimation der Mediation aus rechtsphilosophischer, lernpsychologischer und ausbildungsbezogener Sicht unter Berücksichtigung der Empfehlungen des Wissenschaftsrates, Hamburg 2022

Steinfeld J.-P., Kompetenzorientierte Rechtsdidaktik Teil 1: Empirische Lehr-Lern-Forschung für die Rechtsdidaktik gezielt einsetzen, Deutsche Verwaltungspraxis 2019, 291

Steinfeld J.-P., Kompetenzorientierte Rechtsdidaktik. Teil 2: Entscheidungen durch Rechtskonkretisierung verantworten, Deutsche Verwaltungspraxis 2020, 395, 448

Steinfeld J.-P., Kompetenzorientierte Rechtsdidaktik. Teil 3: Lernangebote für verhältnismäßiges Entscheiden gestalten, Deutsche Verwaltungspraxis 2021, 45, 387

Steinfeld J.-P., Kompetenzorientierte Rechtsdidaktik. Teil 4: Problem-based Learning, Deutsche Verwaltungspraxis 2022, 317

Steinfeld J.-P., Polytome Rechtsdidaktik, Diss. Oldenburg 2023

Steinhauer E., Juristische Propädeutik im Medienwandel, ZDRW 2023, 90

Steinweg C., Sprache und Prüfungen in der Juristenausbildung, in: Brockmann J., Pilniok A. (Hrsg.), Recht sprechen lernen. Sprache im juristischen Studium, Baden-Baden 2016, 67

Stelkens U., Die Funktion des verwaltungswissenschaftlichen Ergänzungsstudiums ifür Rechtsreferendare an der Deutschen Universität für Verwaltungswissenschaften Speyer in der Juristenausbildung. Zugleich zur Bedeutung des Verwaltungsrechts und der Verwaltungswissenschaften in Jurastudium und Rechtsreferendariat, DÖV 2017, 148

Stephan H., Lässt sich aus der Abiturnote die Studieneignung erkennen?, ZRP 2002, 83

Stephan H., Kein Ende der teuren Misere – die zweite juristische Staatsprüfung, NJW 2003, 2800

Stephan H., Bologna-Prozess und Juristenausbildung: Erwiderung zu Katzenstein, Der Bologna-Prozess und die universitäre Juristenausbildung, DÖV 2007, 420

Stephan H., Rechtsstaat ohne Menschlichkeit? Der Zufallsfaktor Angst bei den juristischen Examina, in: Gornig G. H., Kramer U., Volkmann U. (Hrsg.), Staat : Wirtschaft : Gemeinde. Festschrift für Werner Frotscher zum 70. Geburtstag, Berlin 2007, 823

Stepputis B., Die juristische Falllösung: Vermittlung relevanter sprachlicher Kenntnisse und Fähigkeiten im Rahmen von studienbegleitenden Angeboten für internationale Studierende, in: Brandl H., Duxa S., Leder G., Riemer C. (Hrsg.), Ansätze zur Förderung akademischer Schreibkompetenz an der Hochschule, Göttingen 2010, 125

Stiebeler W., Hamburger Modell einer einstufigen Juristenausbildung, JZ 1970, 457

Stiebeler W., Rückkoppelungen zwischen Prüfung und Ausbildung, dargestellt am Beispiel von Ausbildungsnoten im großen Staatsexamen, in: Merten D. (Hrsg.), Probleme der Juristenausbildung. Vorträge des 11. Sonderseminars 1978 der Hochschule für Verwaltungswissenschaften Speyer, Berlin 1980, 57

Stiebeler W., Gedanken zur unendlichen Geschichte der Reform der Juristenausbildung, in: Giehring H., Haag F., Hoffmann-Riem W., Ott C. (Hrsg.), Juristenausbildung – neu überdacht. Erfahrungen aus der einstufigen Juristenausbildung als Grundlage für eine weiterhin anstehende Reform, Baden-Baden 1990, 43

Stief V., Didaktik privater Rechtsgestaltung, in: Hof H., Götz von Olenhusen P. (Hrsg.), Rechtsgestaltung – Rechtskritik – Konkurrenz von Rechtsordnungen ... Neue Akzente in der Juristenausbildung, Baden-Baden 2012, 71

Stobbe U., Juristenausbildung heute – Sackgasse oder Chance? AnwBl 1987, 408

Stobbe U., Reform der Juristenausbildung, AnwBl 1990, 225

Stobbe U., Die Kompetenz der Anwaltschaft – Weichenstellungen in Ausbildung und Berufsrecht, NJW 1991, 2041

Stobbe U., Zum Beruf unserer Zeit: zur Reform der Juristenausbildung; Einrichtung wirtschaftsrechtlicher Studiengänge an Fachhochschulen, in: Goydke J. u. a. (Hrsg.) Vertrauen in den Rechtsstaat. Beiträge zur deutschen Einheit im Recht. Festschrift für Walter Remmers, Köln 1995, 357

Stobbe U., Der Einheitsjurist – Leitbild oder Trugbild der Juristenausbildung?, DRiZ1996, 439

Stobbe U., Zwölf Thesen der Anwaltschaft zur Reform der Juristenausbildung, NJW 1997, 1248

Stobbe U., Die Ausbildung künftiger Juristen und Juristinnen und die europäische Rechtsharmonisierung, AnwBl 2001, 136

Stobbe U., Nun sag, wie hast du's mit der Fortbildung?, AnwBl 2008, 654

Stobbe U., Die fachliche Arbeit der Deutschen Juristentage und ihre Wirkungen auf dem Gebiet der Juristenausbildung, in: Busse F. (Hrsg.), Festschrift 150 Jahre Deutscher Juristentag, München 2010, München 2010, 523

Stolleis M., Zur Rolle der Rechtsgeschichte in der Lehre, in: Heirbaut D., Lamprecht D. (eds.), The use of legal history in the teaching of contemporary law, Brussels 2000, 11

Stolleis M., Gesucht: Ein Leitbild der Juristenausbildung, NJW 2001, 200

Stolleis M., Zur kritischen Funktion der Rechtsgeschichte, in: Hof H., Götz von Olenhusen P. (Hrsg.), Rechtsgestaltung – Rechtskritik – Konkurrenz von Rechtsordnungen ... Neue Akzente in der Juristenausbildung, Baden-Baden 2012, 212

Stolleis M., Perspektiven der Rechtswissenschaft in Deutschland: Stärkung der Grundlagenfächer, JZ 2013, 712

Stralendorff D. von, „Studienbegleitende Leistungskontrollen" – das etablierte Ärgernis?, JuS 1989, 943

Strasser-Gackenheimer C., Selbstlernkompetenzen fördern in der Lernberatung – ein Impuls aus der Beratungspraxis eines „Massenstudiengangs", in: Bleckmann F. (Hrsg.), Selbstlernkompetenzen im Jurastudium. Bedeutung – Praxis-Perspektiven, Stuttgart 2015, 221

Strauß T., Die praktische Studienzeit in Bayern – dargestellt am Beispiel der Justiz in Regensburg, in: Kramer U., Kuhn T., Putzke H. (Hrsg.), Was muss Juristenausbildung heute leisten?, Stuttgart 2019, 194

Streinz R., Erfordernis und Erfordernisse eines rechtswissenschaftlichen Studiums, in: Dörr D. u. a. (Hrsg.), Festschrift für H. Schiedermair, Heidelberg 2001, 643

Strempel D., Der notwendige Weg der Juristen vom ‚Alleskönner' zum ‚Vielfachkönner', in: Schmidt, H. M., Schmidt A. (Hrsg.), Juristen im Spiegel ihrer Stärken und Schwächen, Köln 1998, 217

Streng F., Determinanten und Indikatoren von Examenserfolg und Studiendauer im Jurastudium – Ergebnisse der Absolventenbefragungen der Juristischen Fakultät Erlangen, in: Hermann D., Tag B. (Bearb.), Die universitäre Juristenausbildung. Empirische und theoretische Analysen zur Studiendauer und Studienleistung, Bonn 1995, 32

Ströbel R., Reform der Juristenausbildung, BRAK-Mitt. 2003, 146

Struck G., Fachsprachenerwerb, sprachliche Dressur und versteckte Wertungen in der deutschen Juristenausbildung, in: Hass-Zumkehr U. (Hrsg.), Sprache und Recht, Institut für Deutsche Sprache – Jahrbuch 2001, Berlin 2002, 330

Sturm F., (unter dem Pseudonym Tempestas Moguntina), Miniröcke für Jurastudenten, DRiZ 1968, 203

Sturm F., (unter gleichem Pseudonym), Maxistiefel zum Minirock, DRiZ 1969, 50

Sturm F., (unter gleichem Pseudonym), Vom Minirock zurück zur altvertrauten Kluft, DRiZ 1969, 221

Sturm F., Verfremdete Ausbildungsinhalte, JuS 1975, 203 und 411

Stürner M., Zwölf Thesen zur Internationalisierung der Juristenausbildung, in: Stumpf C., Kainer F., Baldus C. (Hrsg.), Privatrecht, Wirtschaftsrecht, Verfassungsrecht. Festschrift für P.-C. Müller-Graff zum 70. Geburtstag, Baden-Baden 2015, 1476

Stürner M., Vom Nutzen des Internationalen Privatrechts in der juristischen Ausbildung, Jura 2018, 349

Stürner M., The Internationalisation of Legal Education in Germany, in: Schmidt-Kessel M. (Hrsg.), German National Reports on the 19th International Congress of Comparative Law, Tübingen 2014, 135

Stürner R., Aktuelle Perspektiven des juristischen Studiums in Konstanz, Konstanz 1980

Stürner R. (Hrsg.), Konstanzer Juristenausbildung. Eine Bilanz, Konstanz 1981

Sudhof M., Vorwissenschaftlich, vorindustriell, vordemokratisch – voreuropäisch? Zur gegenwärtigen Diskussion um die Juristenausbildung, KJ 1990, 341

Süße S., Die Integration der Schlüsselqualifikation Mediation in eine anwaltsorientierte Juristenausbildung: Zugleich ein Beitrag zur Evaluation der Reform der Juristenausbildung 2002/2003, Hamburg 2011

Sutter C., „Kleine" Methoden – Didaktische Vielfalt als Grundfrage einer kompetenzorientierten Juristenausbildung, in: Rechtslehre. Jahrbuch der Rechtsdidaktik 2012, Berlin 2013, 105

Sutter C., Zum Stand des digitalen Lernens in juristischen Studiengängen in Deutschland – Folgerungen für Hochschullehre und Hochschullehrende, ZDRW 2016, 44

Sutter C., Recht lehren an Hochschulen für angewandte Wissenschaften, in: Krüper J. (Hrsg.), Rechtswissenschaft lehren. Handbuch der juristischen Fachdidaktik, Tübingen 2022, § 29

Swoboda S., Didaktische Dimensionen internationaler Strafverfahren – dargestellt am Beispiel der UN ad-hoc-Tribunale, ZJS 2010, 100

Szuka N., Zwei Jahre rechtswissenschaftliche Fernlehre in der Covid-19-Pandemie: Ein Erfahrungsbericht, in: Bergmans B. (Hrsg.), Jahrbuch der Rechtsdidaktik/ Yearbook of Legal Education 2020/2021, Berlin 2022, 129

Szuka N., Heups A., Juristisches Studium und moderne Rechtsforschung an der Fernuniversität in Hagen, Rechtstheorie 42 (2011), 227

Temme G., Der etwas andere Mock Trial, ZDRW 2016, 347

Ter Haar P., Carsten L., Weidenfels M., Prädikatsexamen. Der selbständige Weg zum erfolgreichen Examen, 2. Aufl., Baden-Baden 2007

Terry L. S., Living with the Bologna Process: Recommendations to the German Legal Education Community from a U.S. Perspective, 7 German Law Journal 863 (2006)

Tesch J., Promovieren in der Rechtswissenschaft – Bedingungen und Strukturen im Vergleich zu anderen Disziplinen, in: Brockmann J., Pilniok A., Trute H.-H., Westermann E. (Hrsg.), Promovieren in der Rechtswissenschaft. Zwischen Individualbetreuung und strukturierten Programmen, Baden-Baden 2015, 41

Tettinger P. J., Universitäre Juristenausbildung am Wirtschaftsstandort Deutschland, NWVBl. 1998, 337

Tettinger P. J., Dipl. Wirtschaftsjurist/in (FH) – hochschulseitig initiierte Hochstapelei?, in: Dörr D. u. a. (Hrsg.), Festschrift für H. Schiedermair, Heidelberg 2001, 665

Thiele W., Die Ausgestaltung der Verwaltungsausbildung im Vorbereitungsdienst, in: Becker E., Ule C. H. (Hrsg.), Die Verwaltungsausbildung der Juristen. Vorträge und Diskussionsbeiträge der verwaltungswissenschaftlichen Arbeitstagung der Hochschule für Verwaltungswissenschaften Speyer vom 21.–23. Oktober 1964, Berlin 1965, 15

Thieme W., Juristenausbildung, Verwaltungsausbildung und öffentliches Recht, DOV 1961, 290

Thieme W., Rechtsstudium oder Verwaltungsstudium?, DÖV 1962, 521

Thieme W., Das rechtswissenschaftliche Studium, DUZ 12/1966, 30

Thieme W., Die juristische Referendarprüfung, DUZ 7/1967, 12

Thieme W., Zum Thema Zwischenprüfung, JZ 1968, 60

Thieme W., Das öffentliche Recht im rechtswissenschaftlichen Studienplan, Probleme des Öffentlichen Rechts im Universitätsunterricht, hrsg. von der Vereinigung der Deutschen Staatsrechtlehrer, Hamburg 1969

Thieme W., Probleme einer juristischen Zwischenprüfung, DRiZ 1984, 233

Thomas J., Die bundesgesetzliche Neuordnung der Juristenausbildung, JuS 1984, 818

Thoss P., Lautmann R, Feest J., Einstufige Juristenausbildung im Bereich strafrechtlicher Sozialkontrolle, Hamburg 1976

Tiesel G., Digitalisierung und Juristenausbildung, in: Beurskens M., Kramer U., Kuhn T., Putzke H. (Hrsg.), Juristenausbildung 4.0, Stuttgart 2021, 43

Tippelskirch M. von, Woran erkennt man einen didaktischen Fehler?, in: Kramer U., Kuhn T., Putzke H. (Hrsg.), Fehler im Jurastudium. Ausbildung und Prüfung, Stuttgart 2012, 33

Töpfer W., Eine interdisziplinäre Untersuchung der juristischen Ausbildung und wissenschaftlichen Karriere in der Rechtswissenschaft unter Berücksichtigung von Genderaspekten, Baden-Baden 2022

Töpfer W., Ist die Rechtswissenschaft eine geschlechtergerechte Wissenschaft?, ZDRW 2022, 148

Torka M., Maiwald K.-O., Die Krise als Normalfall. Zur Professionalisierung des Promovierens und der Promotionsbetreuung aus soziologischer Sicht, in: Brockmann J., Pilniok A., Trute H.-H., Westermann E. (Hrsg.), Promovieren in der Rechtswissenschaft. Zwischen Individualbetreuung und strukturierten Programmen, Baden-Baden 2015, 113

Towfigh E., Traxler C., Glöckner A., Zur Benotung in der Examensvorbereitung und im ersten Examen, ZDRW 2014, 8

Towfigh E., Traxler C., Glöckner A., Geschlechts- und Herkunftseffekte bei der Benotung juristischer Staatsprüfungen, ZDRW 2018, 115

Towfigh E., Keesen J., Ulrich J., Blended Learning und Flipped Classroom in der grundständigen Lehre, ZDRW 2022, 87

Trapp J., Roth V., Das Planspiel als Methode der Wissensvermittlung in der rechtswissenschaftlichen Lehre aus erwachsenenpädagogischer Perspektive, ZDRW 2022, 59

Tremp P., Forschungsorientierung als didaktische Leitidee – Studienstufen als curriculare Strukturierungen, in: Brockmann J., Pilniok A., Trute H.-H., Westermann E. (Hrsg.), Promovieren in der Rechtswissenschaft. Zwischen Individualbetreuung und strukturierten Programmen, Baden-Baden 2015, 101

Tremp P., Scheidig F., Überzogene Erwartungen – bescheidene Wirkungen: Lehrpreise an Hochschulen, ZDRW 2021, 224

Trendelenburg C., Relevanzstrukturen strafrechtlicher Fallbearbeitung – zugleich ein Beitrag zur Hochschulfachdidaktik der Rechtswissenschaft, RW 2011, 357

Trendelenburg C., Prittwitz C., Die Strafprozesslehre und die Rechtswirklichkeit – natürliche Partner?, ZDRW 2018, 3

Trierweiler K., Theorie und Praxis der anwaltsorientierten Juristenausbildung, ZDRW 2014, 225

Trinks M., Methodenvorstellung: TicTaxToe, ZDRW 2024, 191

Trittmann E. B., Rechtsberatung im Jurastudium – was soll das?, KritV 2017, 141

Trittmann E. B., Didaktik juristischer Praxisformate am Beispiel Law Clinic, in: Krüper J. (Hrsg.), Rechtswissenschaft lehren. Handbuch der juristischen Fachdidaktik, Tübingen 2022, § 28

Troje H. E., Juristenausbildung heute: eine rechts- und sozialwissenschaftliche Studie, Neuwied/Darmstadt 1979

Troje H. E., Abwechslung und Wiederholung. Noch einmal, Juristenausbildung heute, RuP 1983, 28

Trute H. H., Organisation, Personal und Finanzierung als Ansatzpunkte zur Verbesserung der Lehre, in: Brockmann J., Dietrich J. H., Pilniok A. (Hrsg.), Exzellente Lehre im juristischen Studium. Auf dem Weg zu einer rechtswissenschaftlichen Fachdidaktik, Baden-Baden 2011, 279

Trute H.-H., Prüfungsrechtliche Anforderungen und Hochschuldidaktik – zwei Seiten einer Medaille?, in: Brockmann J., Pilniok A. (Hrsg.), Prüfen in der Rechtswissenschaft – Probleme, Praxis und Perspektiven, Baden-Baden 2013, 54

Trute H.-H., Hamburger Modelle in der Ausbildung und ihrer Fachdidaktik, in: Reppen N., Jeßberger F., Kotzur M. (Hrsg.), 100 Jahre Rechtswissenschaft an der Universität Hamburg, Tübingen 2019, 577

Trute H.-H., Constructive Alignment in der Rechtswissenschaft, in: Krüper J. (Hrsg.), Rechtswissenschaft lehren. Handbuch der juristischen Fachdidaktik, Tübingen 2022, § 46

Trute H.-H., Prüfungen in den Rechtswissenschaften – die Praxis, in: Bork R. (Hrsg.), Prüfungsforschung, Baden-Baden 2015, 44

Ulbrich S. C., Didaktik visueller Rechtskommunikation, in: Krüper J. (Hrsg.), Rechtswissenschaft lehren. Handbuch der juristischen Fachdidaktik, Tübingen 2022, § 36

Ullmann E., Hilbert L., Juristische Ausbildung im wirtschaftswissenschaftlichen Studium, WiSt 2009, 537, Wiederabdruck in: Bergmans B. (Hrsg.), Jahrbuch der Rechtsdidaktik/Yearbook of Legal Education 2020/2021, Berlin 2022, 169

Unger W., Ansichtssache Recht – Concept Maps für juristisches Lernen und Lehren, in: Rechtslehre. Jahrbuch der Rechtsdidaktik 2011, Berlin 2012, 175

Uwera F., Heuschling L., Mehrsprachigkeit in der juristischen Ausbildung an der Universität Luxemburg: Rechtswissenschaft trifft Mehrsprachigkeitsforschung, in: Warto P., Zumbach J., Lagodny O., Astleitner H. (Hrsg.), Rechtsdidaktik – Pflicht oder Kür?, Baden-Baden 2017, 325

Valentiner D.-S., Genderkompetenz im rechtswissenschaftlichen Studium, ZDRW 2016, 152

Valentiner D.-S., Gendersensibilität als Perspektive für die rechtswissenschaftliche Fachdidaktik, in: Astleitner H., Deibl I., Lagodny O., Warto P., Zumbach J. (Hrsg.), Rechtsdidaktik zwischen Theorie und Praxis, Baden-Baden 2019, 154

Valentiner D. S., Stereotypen in juristischen Ausbildungsfällen – Eine hamburgische Studie, Social Transformation 2018, 1, https://www.socialtrans.de/index.php/st/article/view/25

Van de Loo J., Stehmeyer M., Wieso, weshalb, warum – bleibt Jura dumm? Perspektiven eines Leitbildes, KJ 46 (2013), 383

Vanistendael F., Is Germany unique? An outside view of the Bologna reform in legal education, in: Hilty R. M. Drexl J., Nordemann W. (Hrsg.), Schutz von Kreativität und Wettbewerb. Festschrift für U. Loewenheim zum 75. Geburtstag, München 2009, 603

Vehslage T., Bergmann S., Kähler S., Zabel M., Referendariat und Berufseinstieg, 2. Aufl., München 2007

Verbund Norddeutscher Universitäten (Hrsg.), Evaluation von Studium und Lehre im Fach Rechtswissenschaft 1999/2000, Verbund Materialien Band 10, Bremen 2001 (auch Download unter www.uni-nordverbund.de)

Verbund Norddeutscher Universitäten (Hrsg.), Evaluation von Studium und Lehre im Fach Rechtswissenschaft 2008/2009, Verbund Materialien Band 23, Bremen 2010 (auch Download unter www.uni-nordverbund.de)

Versch., Initiative für eine Reform des juristischen Studiums (Ladenburger Manifest), NJW 1997, 2935

Versch., Modell einer Reform der universitären Juristenausbildung, NJW 1998, 2797

Vesting T., Juristenausbildung unter Ungewissheitsbedingungen. Zur Notwendigkeit der (Wieder-)Einführung von Dogmatik und juristischer Methodenlehre, in: Hof H., Götz von Olenhusen P. (Hrsg.), Rechtsgestaltung – Rechtskritik – Konkurrenz von Rechtsordnungen … Neue Akzente in der Juristenausbildung, Baden-Baden 2012, 232

Viehweg T., Der deutsche Jurist. Über Mängel und Reform des Rechtstudiums in der Bundesrepublik, Wort und Wahrheit 1962, 357

Viehweg T., Neue Perspektiven juristischer Aus- und Weiterbildung, in: Justiz in der Demokratie. Loccumer Protokolle, Tagung der Evangelischen Akademie Loccum vom 8.-11.3.1967, 71

Viezenz L., Thurn J. P., Vermeintlicher Fortschritt. Die Reform der JuristInnenausbildung, FoR 2003, 138

Voegeli W., Einphasige Juristenausbildung. Zur Pathologie der Reform, Frankfurt 1979

Voelkner J., Probleme der Leistungsbewertung bei mündlichen Prüfungen aus pädagogischer und psychologischer Sicht, in: Merten D. (Hrsg.), Probleme der Juristenausbildung. Vorträge des 11. Sonderseminars 1978 der Hochschule für Verwaltungswissenschaften Speyer, Berlin 1980, 131

Vogel F., Recht sprechen und schreiben im Zeitalter der Mediatisierung – Rechtsdidaktische Überlegungen aus medien- und rechtslinguistischer Perspektive, in: Brockmann J., Pilniok A. (Hrsg.), Recht sprechen lernen. Sprache im juristischen Studium, Baden-Baden 2016, 27

Vogel K., Rechtsstudium in „Blockeinheiten"?, JZ 1970, 15

Vogler R., Legal Clinic: Innovatives Studienmodell oder unerlaubte Rechtsberatung?, ZJS 2013, 135

Vogler R., Rechtsstellung und Akzeptanz von Absolventinnen und Absolventen wirtschaftsjuristischer Studiengänge, Berlin 2014

Vogler R., Die Verwechslungsgefahr der juristischen Abschlüsse als Nebenwirkung der Bologna-Reform, Wissenschaftsrecht 2014, 173

Vogler R., Unterschiede und rechtliche Problemfelder bei hochschulinterner und -externer Beratung im Rahmen einer Legal Clinic, Zeitschrift für praktische Rechtswissenschaft 2014, 13

Vogler R., Freiberufliche Perspektiven von Wirtschaftsjuristen, deren lauterkeitsrechtliche Probleme sowie Konsequenzen für ein wirtschaftsjuristisches Curriculum, in: Bergmans B. (Hrsg.), Rechtslehre. Jahrbuch der Rechtsdidaktik/Yearbook of Legal Education 2015, Berlin 2016, 163

Volkert W., Referendarausbildung in der Krise, ZRP 1990, 46

Vollmer L., Munk H., Wilms E., Vorlesungsbegleitende Gruppenarbeit an der Universität Münster, JuS 1972, 680

vom Felde L., Hilb L., Refugee Law Clinics in Deutschland – ein studentisches Modell für die Veränderung der juristischen Ausbildung?, KJ 2016, 220

Voßkuhle A., Das Leitbild des „europäischen Juristen" – Gedanken zur Juristenausbildung und zur Rechtskultur in Deutschland, RW 2010, 326

Wacke A., Baldus C. (Hrsg.), Juristische Vorlesungen und Prüfungen in Europa, Stuttgart/München 2002

Wacker N., Das Rätsel der verschwundenen Studierenden, ZDRW 2017, 293

Wacker N., Eigene Profession reflektieren, Anforderungen offenlegen, und Prüfungsvielfalt stärken, ZDRW 2018, 288

Wackerbarth U., Die modulare Juristenausbildung, http://wiki.fernuni-hagen.de/mod juristausb/index.php/Hauptseite

Wagner G., Der Bologna-Prozess in der europäischen Juristenausbildung, ZEuP 2008, 109

Wagner, T., Gutes lässt sich noch besser machen: Anwaltliche Fortbildung als Auftrag, AnwBl 2016, 295

Wagner W., Bologna ohne Bologna – oder das Studium neu denken, Die neue Hochschule 4-5/2004, 33.

Wahl R., Die Misere der Betreuungsrelation in der Juristenausbildung. Wie eine Universitätsausbildung durch gesetzlich vorgesehene Normwerte denaturiert wird, in: Strempel D. (Hrsg.), Juristenausbildung zwischen Internationalität und Individualität – auch ein Problem der Gesetzgebung, Baden-Baden 1998, 379

Walter F. R., Verantwortung, aber wofür? Die „Lex Rosenburg" und die Fallstricke guter Absichten, NJW 2024, 1013

Walther M., Die Einstufige Juristenausbildung im Modellvergleich. Eine quantitative Analyse unter besonderer Berücksichtigung des Modells Hannover, Hannover 1982

Walz C., „RefPod" – der Podcast zum Referendariat, ZDRW 2023, 322

Walz K., Der Juristen-Fakultätentag in Würzburg, JuS 1988, 915

Wander C., E-Learning und Digitalisierung in der Lehre, ZDRW 2020, 502

Wanner-Sturm C., Das „Neue Augsburger Modell" – Reform der Juristenausbildung an der Universität Augsburg, JuS 1993, 880

Warburg J. R.G., Einstufige Juristenausbildung und Anwaltsberuf, NJW 1975, 903

Warburg J. R. G., Programm und Realität der Reform der Juristenausbildung aus anwaltlicher Sicht, in: Bundesrechtsanwaltskammer (Hrsg.), 25 Jahre Bundesrechtsanwaltskammer, München 1984

Warto P., Kompetenzorientierung in der rechtswissenschaftlichen Ausbildung, in: Warto P., Zumbach J., Lagodny O., Astleitner H. (Hrsg.), Rechtsdidaktik – Pflicht oder Kür?, Baden-Baden 2017, 35

Warto P., Scholarship of Teaching and Learning – Ein geeigneter Ansatz zur Überwindung des „empirischen Defizits" in der Rechtsdidaktik?, in: Astleitner H., Deibl I., Lagodny O., Warto P., Zumbach J. (Hrsg.), Rechtsdidaktik zwischen Theorie und Praxis, Baden-Baden 2019, 244

Warto P., Diversity-Kompetenz im Rahmen der Leistungsbeurteilung an der rechtswissenschaftlichen Fakultät, in: Warto P., Deibl I., Lagodny O., Astleitner H., Zumbach J., Rechtsdidaktik. Vom Selbstverständnis einer neuen Disziplin, Wien 2021, 166

Wäscher T., Hannemann J.-G. A., Manifest zur Verbesserung der deutschen Rechtsdidaktik aus studentischer Sicht für mehr Rechtspraxis in der deutschen Juristenausbildung, in: Rechtslehre. Jahrbuch der Rechtsdidaktik 2012, Berlin 2013, 71

Wassermann R., Weniger Ausbildung – mehr Fortbildung, JZ 1963, 473

Wassermann R., Ferienpraktikum der Rechtsstudenten, JuS 1963, 371

Wassermann R., Grundfragen der praktischen Juristenausbildung, JR 1963, 121

Wassermann R., Bildung und Erziehung in den Referendararbeitsgemeinschaften, JR 1963, 323

Wassermann R., Der Bundesreferendarverband zur Ausbildungsreform, JuS 1963, 39

Wassermann R., Ausbildungsreform und Politik, NJW 1964, 1215

Wassermann R., Rechtsstudium und Politische Wissenschaft, JZ 1965, 440

Wassermann R., Zur Neuordnung der juristischen Ausbildung, JR 1966, 20

Wassermann R. (Hrsg.), Erziehung zum Establishment. Juristenausbildung in kritischer Sicht, Karlsruhe 1969

Wassermann R., Einstufige Juristenausbildung, DRiZ 1970, 241

Wassermann R., Modell Hannover, RuP 1972, 140

Wassermann R., Zur Neugestaltung der Juristenausbildung nach Beendigung der Experimentierphase, DRiZ 1981, 185

Wassermann R., Welchen Weg geht die juristische Ausbildungsreform? Die Neuordnung der Juristenausbildung steht vor der Entscheidung, RuP 1981, 161

Wassermann R., Der Gesetzentwurf zur Wiedervereinheitlichung der Juristenausbildung, JuS 1984, 316

Wassermann R., Alte Reformforderungen – neu belebt: zur Diskussion über die Reform der Justiz und der Juristenausbildung, RuP 1998, 22

Wassermann R., Ergebnisse und Bemerkungen zu der einstufigen Juristenausbildung an der Universität Hannover, JuS 1980, 235

Wassermann R., Kardinalprobleme der juristischen Ausbildungsreform, RuP 1981, 5

Wassermann R., Deutsche Juristen, Schlechte Karten für Europa. Die überlange Juristenausbildung steht erneut zur Diskussion, RuP 1989, 155

Wassermann R., Welche Maßnahmen empfehlen sich – auch im Hinblick auf den Wettbewerb zwischen Juristen aus den EG-Staaten – zur Verkürzung und Straffung der Juristenausbildung?, NJW 1990, 1877

Wassermann R., Reform der Juristenausbildung – gesamtdeutsch betrachtet, RuP 1990, 137

Wassermann R., Volljurist ohne Referendariat? Grundlegende Reform der Juristenausbildung in Sicht, RuP 1998, 144

Wassermann R., Revolution der Juristenausbildung?, NJW 2001, 3685

Wastl U., Ersetzung von Recht durch Verhaltensregeln – Plädoyer wider diese Entwicklung und Folgerungen für die Juristenausbildung, in: Hof H., Götz von Olenhusen P. (Hrsg.), Rechtsgestaltung – Rechtskritik – Konkurrenz von Rechtsordnungen … Neue Akzente in der Juristenausbildung, Baden-Baden 2012, 412

Wathling U., Rechtsdidaktik, in: Richter D., Weißeno G. (Hrsg.), Lexikon der politischen Bildung. Band 1. Didaktik und Schule, Schwalbach/Ts. 1999, 217

Webb J., Preparing for Practice in the 21st Century: The Role of Legal Education and its Regulation, in: Bergmans B. (Hrsg.), Jahrbuch der Rechtsdidaktik/Yearbook of Legal Education 2017, Berlin 2018, 11

Weber A., Berufsausbildung und Berufszugang für Juristen im EG-Binnenmarkt, NVwZ 1990, 1

Weber F., Ökonomie als didaktische Referenzdisziplin, in: Krüper J. (Hrsg.), Rechtswissenschaft lehren. Handbuch der juristischen Fachdidaktik, Tübingen 2022, § 23

Weber F., Link H., Hornung G., u. a., Intelligente Unterstützung beim Erlernen des Gutachtenstils im rechtswissenschaftlichen Studium: Entwicklung und Evaluation eines KI-Systems für juristische Schreibkompetenz, ZDRW 2024, 336

Weber H., Die Bielefelder einstufige Juristenausbildung – Reminiszenz oder Vorbild für eine zukünftige Juristenausbildung, JuS 1989, 678

Weber H., Methodenlehre der Rechtsgestaltung, JuS 1989, 818

Weber S., Die Folgen des Bologna-Prozesses für die Lehre in der Juristenausbildung, in: Brockmann J., Dietrich J. H., Pilniok A. (Hrsg.), Exzellente Lehre im juristischen Studium. Auf dem Weg zu einer rechtswissenschaftlichen Fachdidaktik, Baden-Baden 2011, 269

Weber-Grellet H., Der Bologna-Prozess – die Erste Juristische Staatsprüfung auf dem Prüfstand, ZRP 2005, 67

Weber-Grellet H., Zwischen Humboldt und Bologna – Zukunft der Juristenausbildung, ZRP 2016, 170

Wegscheider H., Visualisierung in der juristischen Lehre, in: Hilgendorf E. (Hrsg.), Beiträge zur Rechtsvisualisierung, Berlin 2005, 217

Wehowsky C., Die universitäre Vorbereitung auf die Staatsprüfung – Verbesserungswürdiges aus der Sicht eines „Außenstehenden“, in: Kramer U., Kuhn T., Putzke H. (Hrsg.), Fehler im Jurastudium. Ausbildung und Prüfung, Stuttgart 2012, 49

Weigand T., Die Zwickmühle, ZDRW 2015, 41

Weigand T., Die Misere der Strafrechtslehre, in Hirsch H. J., Wolter J., Brauns U., Festschrift für Günter Kohlmann, Köln 2003, 741

Weisenbach R., Zenger F., Die Vorlesung „Forensische Psychiatrie“ als Beispiel multidisziplinärer Lehre, ZDRW 2020, 160

Weller M.-P., Die Lehre des Internationalen Privatrechts im deutschsprachigen Raum – Herausforderungen und Entwicklungspotentiale, in: Hobe S., Maraun T. (Hrsg.), Lehre des internationalen Rechts – zeitgemäß?, Berichte der Dt. Gesellschaft für Internationales Recht Bd. 48, Heidelberg 2017, 35

Welter R., Europäisches Wirtschaftsrecht, der „Europäische Richter“ und die universitäre juristische Ausbildung, in: Höhn G., Oetker H., Raab T. (Hrsg.), Festschrift für P. Kreutz, Köln 2010, 923

Wendt P., Bessere Fachanwälte durch Zentralabitur?, AnwBl 2010, 416

Wengler W., Juristische Studienreform, ein Anfang oder ein Ende?, NJW 1957, 201

Wenzler H., Kwietniewska K., Educating the global lawyer: The German experience, 61 J. Leg. Ed. 462 (2012)

Werhahn J., Die Verwirklichung der Studienreform, JZ 1953, 693

Werhahn J., Gedanken zu einer Reform des juristischen Studiums, JR 1950, 426

Werner O., Juristenausbildung aus der Sicht der juristischen Fakultäten, in: Strempel D. (Hrsg.), Juristenausbildung zwischen Internationalität und Individualität – auch ein Problem der Gesetzgebung, Baden-Baden 1998, 411

Werner U., Betrachtung über die juristischen Staatsprüfungen, JZ 1960, 479

Wernsmann R., The structure, purposes and methods of German legal education, in: Gane C., Huang R. H. (eds.), Legal education in the global context, London/New York 2016, 233

Wesel U., Gerechtigkeit kommt nicht dran. Die andauernde Misere der Juristenausbildung, Die Zeit, 19. Mai 1989

Wesel U., Juristenausbildung – Wider den geplanten Leerlauf?, Kursbuch 97 (1989), 29

Wessel H., Der Vortrag – ein (zu?) gering geschätztes Prüfungsformat, ZDRW 2014, 338

Westermann H. P., Einstufige Juristenausbildung. Kolloquium über die Entwicklung und Erprobung des Modells im Land Nordrhein-Westfalen, Opladen 1975

Wiater P., Lernen in realen Kontexten und im disziplinären Dialog, ZDRW 2014, 281

Wiater P., Ist Bildung ein übergeordnetes Ziel des Jurastudiums?, ZDRW 2022, 229

Wiater P., Sundt E., Schüpferling P., Menschenrechte und künstliche Intelligenz in der Lehre, ZDRW 2024, 365

Wiater P., Wiater W., Didaktische Theorien aus rechtsdidaktischer Perspektive, in: Krüper J. (Hrsg.), Rechtswissenschaft lehren. Handbuch der juristischen Fachdidaktik, Tübingen 2022, § 2

Wieacker H. A., Die Bedeutung der Verwaltungsausbildung in der Wirtschaft, in: Becker E., Ule C. H. (Hrsg.), Die Verwaltungsausbildung der Juristen. Vorträge und Diskussionsbeiträge der verwaltungswissenschaftlichen Arbeitstagung der Hochschule für Verwaltungswissenschaften Speyer vom 21.–23.Oktober 1964, Berlin 1965, 135

Wiebe A., Projektbericht „Pilotprojekt zur Integration von Blended Learing in die juristische Vorlesung“, Göttingen o.D. (2014), http://www.uni-goettingen.de/de/innovative-lehre/519104.html

Wiebe A., Kreutz O., Blended Learning in der juristischen Vorlesung, Jura 2015, 1

Wiebe A., Kreutz O., Moderne Lehr und Lernmethoden in der juristischen Lehre – Vorteile und Chancen beim Einsatz von Blended Learning und Inverted Classroom in den Rechtswissenschaften, in: Warto P., Zumbach J., Lagodny O., Astleitner H. (Hrsg.), Rechtsdidaktik – Pflicht oder Kür?, Baden-Baden 2017, 207

Wiedemann H., Läßt sich die juristische Ausbildung an der deutschen Universität wirklich nicht verbessern?, JZ 1967, 120

Wienert J., Lehre 2.0: Sachenrecht aktiv – Einsatz eines digitalen Lehrangebots im Rahmen einer Fallbesprechung, in Warto P., Zumbach J., Lagodny O., Astleitner H. (Hrsg.), Rechtsdidaktik – Pflicht oder Kür?, Baden-Baden 2017, 303

Wiethölter R., Didaktik und Rechtswissenschaft, in: Loccumer Arbeitskreis (Hrsg.), Neue Juristenausbildung, Neuwied 1970, 25

Wiethölter R., Sanierungskonkurs der Juristenausbildung?, KritV 1986, 21

Wiethölter R., Stellungnahme zu den Münchener Beschlüssen, JZ-Sonderheft, Nov. 1968, 9

Wilke F. M., Internationales Privatrecht unterrichten, ZDRW 2021, 132

Willemsen H. J., Risikoklasse 10: Hände weg vom Jurastudium?, AnwBl 2020, 542

Willoweit D., Das Rechtsstudium – Bildung mit Praxisbezug?, in: Böhm W., Lindauer M.. (Hrsg.), Nicht Vielwissen sättigt die Seele, Stuttgart 1988, 229

Willoweit D., Großfeld B., Juristen für Europa, JZ 1990, 605

Wimmer R., Juristenausbildung des Landes Bremen, DVBl 1975, 433

Windel P. A., Scheinspezialisierung und Verzettelung als mögliche Folgen der Juristenausbildungsreform, Jura 2003, 79

Windthorst K., Rationalität des Rechts durch Rechtsdogmatik und Rechtsdidaktik, JÖR 61 (2013), 541

Wissenschaftsrat, Perspektiven der Rechtswissenschaft in Deutschland, Situation, Analysen, Empfehlungen, Drs. 2558-12, Hamburg 2012

Wißmann H., Reform der Juristenausbildung in NRW 2017 ff. Herausforderungen und Perspektiven, NWVBl. 2017, 327

Wißmann H., Die Krise als Chance? Das juristische Studium im digitalen Zeitalter, Zeitschrift für das Juristische Studium 2020, 524

Woellert K., Nur alles anders oder doch alles besser? Der Bologna-Prozess und die Reform der deutschen Juristenausbildung, Notar 2008, 301

Wojak N., Integrierte Juraausbildung – Reformbündnis für eine neue Juraausbildung, JA 1999, 175

Wolf C., Perspektiven der Rechtswissenschaft und der Juristenausbildung. Kritische Anmerkungen zu den Empfehlungen des Wissenschaftsrats, ZRP 2013, 20

Wolf C., 50 Jahre Loccum, Hanover Law Review 2018, 1

Wolf J., Die unterschätzte Bedeutung des Sachverhalts in Juristenausbildung und Rechtswissenschaft, in: Butzer H., Kaltenborn M., Meyer W. (Hrsg.), Organisation und Verfahren im sozialen Rechtsstaat. Festschrift für F. E. Schnapp zum 70. Geburtstag, Berlin 2008, 873

Wolff D., Zimmermann P., Rechtswissenschaftliche Forschung lehren – Das „Tutorial Legal Scholarship“ –, ZDRW 2022, 316

Wolff L. C., Structured Problem Solving: German Methodology from a Comparative Perspective, Legal Education Review vol. 14/1 (2003–2004), 19, www.ler.edu.au

Wörlen R., Metzler-Müller K., Schuldrechtliches Lernen im strukturierten Dialog, in: Bergmans B. (Hrsg.), Jahrbuch der Rechtsdidaktik/Yearbook of Legal Education 2017, Berlin 2018, 161

Wrase M., Recht als soziale Praxis – eine Herausforderung für die juristische Profession?!, in: Pilniok A., Brockmann J. (Hrsg.), Die juristische Profession und das Jurastudium, Baden-Baden 2017, 41

Wreesmann A. K., Clinical Legal Education – Unentgeltliche Rechtsberatung durch Studenten in den USA und Deutschland, Hamburg 2010 (Diss. Osnabrück 2010)

Wulf A. J., Rechtskompetenz als Teil unternehmerischer Führungsqualität. Reformvorschläge für ein Studium des Rechts in den Wirtschaftswissenschaften, ZDRW 2015, 20

Wulf R., Akademische Gerichts- und Verhandlungssäle – Neue Orte für juristische Rhetorik, Rechtswissenschaft 2011, 110

Wulffen M. von, Schlegel R., Der Bologna-Prozess und seine möglichen Auswirkungen auf die Justiz, NVwZ 2005, 890

Wunner S. E., Die Vorschläge zur Juristenausbildung und der juristische Studienplan an der Universität Bochum, JuS 1965, 459

Würfel M., Das Reichsjustizprüfungsamt, Tübingen 2019

Würtenberger T., Ein Plädoyer für die Vorlesung, ZDRW 2019, 219

Würtenberger T., Fehling M., Zur Verfassungswidrigkeit des Curricularnormwertes für das Fach Rechtswissenschaft, JZ 2000, 173

Wysk P., Moderne Lehre: anders und innovativ? Wie junge Juristinnen und Juristen auf die „kommentarfreie“ Welt vorbereitet werden, AnwBl 2020, 545

Wyss D., Alder M., Der Flipped Classroom im Rechtsunterricht an der ZHAW, ZDRW 2024, 179

Zaczyk R., Rechtswissenschaft oder McLaw?, myops 3/2008, 56

Zawar R., Gedanken zum Praxisbezug in der juristischen Ausbildung, JuS 1994, 545

Zechlin L., Juristenausbildung an die Fachhochschulen?, KJ 1993, 75

Zenz G., Gruppenarbeit in der Juristenausbildung, in: Loccumer Arbeitskreis (Hrsg.), Neue Juristenausbildung. Materialien des Loccumer Arbeitskreises zur Reform der Juristenausbildung, Neuwied 1970, 125

Zerndt P., Rechtsunterricht in der Schule, DRiZ 1975, 82

Ziegler H., Falsche erste Schritte zur integrierten Juristenausbildung, KJ 1971, 101

Zimmermann A., Aksoy D., Kompetenztrainer Rechtsdidaktik, Baden-Baden 2019

Zimmermann R., Legal Education in Germany: Some Characteristic Features, in: Festschrift / Liber amicorum Tuğrul Ansay, Alphen aan de Rijn 2006, 549

Zumbach J., Moser S., Problembasiertes Lernen: Ein Fall für die Rechtsdidaktik?, in: Brockmann J., Pilniok A. (Hrsg.), Methoden des Lernens in der Rechtswissenschaft. Forschungsorientiert, problembasiert und fallbezogen, Baden-Baden 2012, 125

Zumbach J., Rechtsdidaktik – vom Selberverständnis einer (neuen) Disziplin, ZDRW 2019, 209

Zumbach J., Geiger V., Beratung und Mentoring in der juristischen Hochschullehre, in: Warto, P. Deibl I., Lagodny O., Astleitner H., Zumbach J., Rechtsdidaktik. Vom Selbstverständnis einer neuen Disziplin, Wien 2021, 185

Zweigert K., Ziele und Stoff der juristischen Ausbildung, RabelsZ 1957, 1

Zwickel M., Rechtsdidaktik und Rechtsvergleichung, ZDRW 2017, 299

Zwickel M., Jurastudium 4.0? – Die Digitalisierung des juristischen Lehrens und Lernens, JA 2018, 881

Zwickel M., Rechtsvergleichung und juristisches Lernen, in: Griebel J. (Hrsg.), Vom juristischen Lernen, Baden-Baden 2018, 135

Zwickel M., Juristische Lehre in Zeiten von Corona – Ein Griff in die digitale Trickkiste, ZDRW 2020, 128

Zwickel M., Früher war alles besser – oder doch nicht?, in: Griebel J., Gröblinghoff F., Kuhn T., Schimmel R. (Hrsg.), Rechtsdidaktik. Erreichtes – Misslungenes – Zukünftiges, Baden-Baden 2023, 47

Zwickel M., Digitalisierung und Recht – Plädoyer für ein Querschnittscurriculum, in: Griebel J., Gröblinghoff F., Kuhn T., Schimmel R. (Hrsg.), Rechtsdidaktik. Erreichtes – Misslungenes – Zukünftiges, Baden-Baden 2023, 83

Zwickel, M., ChatGPT in der juristischen Lehre. Fluch oder Segen, FAU Erlangen 2023, https://nbn-resolving.org/urn:nbn:de:bvb:29-opus4-239425

Zwickel M., Lohse E. J., Schmid M., Kompetenztraining Jura. Leitfaden für eine juristische Kompetenz- und Fehlerlehre, Berlin 2014